CHRISTINE LUGMAYR

Kinderwagen- & Tragetouren

UM UND IN WIEN
VON DER WACHAU BIS ZUM NEUSIEDLER SEE

SONDERTEIL: WALDVIERTEL

54 SCHÖNE WANDERUNGEN UND AUSFLUGSZIELE
VOM SÄUGLING BIS ZUM VORSCHULKIND

wandaverlag.at

HERAUSGEBERIN, IDEE, KONZEPT, GESAMTLEITUNG:
Mag. Elisabeth Göllner-Kampel, zwei Kinder, Gründerin des Wandaverlags

AUTORIN: Mag. Christine Lugmayr, geb. 1976, Journalistin und Mutter von zwei Kindern

WIR FREUEN UNS ÜBER RÜCKMELDUNGEN, NEUE VORSCHLÄGE ODER KORREKTURHINWEISE AN: Wandaverlag, Römerstr. 16, 5081 Anif, office@wandaverlag.com. Änderungen werden laufend auf der Homepage wandaverlag.at unter diesem Buch veröffentlicht.

KARTOGRAFIE:
Eva Maria Haslauer, MSc
LEKTORAT: Mag. Hedwig Schuß

ISBN: 978-3-9502908-1-3
Kinderwagenwanderungen um und in Wien: Von der Wachau bis zum Neusiedler See: Sonderteil: Waldviertel. 54 schöne Wanderungen und Ausflugsziele vom Säugling bis zum Vorschulkind. Hrsg.: Elisabeth Göllner-Kampel. Autorin: Christine Lugmayr

VERLAG: wandaverlag, Wanda Kampel VerlagsKG, Römerstraße 16, 5081 Anif b. Salzburg, office@wandaverlag.com; www.wandaverlag.com

FOTOS: Christine Lugmayr

UMSCHLAGFOTO: Marillenweg Wachau

3. überarbeitete Auflage 2018

DANKE AN: Hanna, Tim und Michael für ihre Geduld und das Mitwandern, an alle Freunde und Bekannte fürs Begleiten und deren Wandertipps, sowie an die hilfsbereiten Fremdenverkehrsbüros.

Gedruckt nach der Richtlinie des Österreichischen Umweltzeichens „Druckerzeugnisse", Druckerei Theiss GmbH, Nr. 869

Klimaneutral
Druckprodukt
ClimatePartner.com/10944-1810-1003

Vorwort

Egal ob vorher Natur- oder Stadtmensch, nach der Geburt eines Babys ist Wandern im Grünen der absolute Ausgleich zum manchmal stressigen Eltern-Alltag. So ist es zumindest mir gegangen. Auf der Suche nach kinderwagentauglichen Wegen bin ich auf diese Buchreihe gestoßen, die mich durch ihre babygerechte Jahreszeiten-Wetter-Einteilung einfach begeistert hat. Die Herausgeberin, Elisabeth Göllner-Kampel, hat als Pionierin die ersten Wanderbücher für Kinderwägen geschrieben und weitet diese Idee nun gerne auf andere Regionen aus. Es hat mir unheimlich viel Freude bereitet, in Wien ihr Konzept umzusetzen und dadurch meine Stadt und deren Umgebung mit Baby und Kinderwagen zu erkunden.

Ich habe für regnerische Tage Wege in nächster Nähe zusammengetragen, für klassisches Wanderwetter anstrengende Touren, für Wintertage schöne, abwechslungsreiche Routen und für Ganztagesausflüge herrliche Ziele in der Wachau oder am Neusiedlersee. Gelernt habe ich während all der Wanderungen vor allem eines: Der Weg ist das Ziel. Ein Spruch, der mit einem Baby im Kinderwagen noch richtiger ist. Denn das Wichtigste ist der Rhythmus des Kindes. Rechtzeitig umzudrehen oder Pausen zu machen, ist das, was wir in dieser Lebensphase wohl alle wieder lernen müssen. Später, wenn der Nachwuchs laufen lernt, reduziert sich das Tempo nochmals. Jetzt sind schöne Ausflugsziele gefragt, an denen wir gerne verweilen.

In diesem Sinne wünsche ich Euch viel Spaß beim Schmökern im Buch und schöne, erholsame Stunden beim Wandern.

Christine Lugmayr

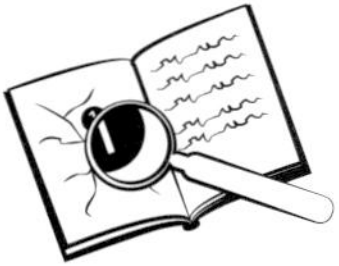

Einleitung

Bei den ersten Wanderungen ist man verständlicherweise noch unsicher und umständlich. Da kann es schon passieren, dass man vor lauter Sorge um das Baby die eigene Jacke oder Trinkflasche vergisst. Deshalb ist es empfehlenswert, für die erste Wanderung eine kürzere Tour auszusuchen. Damit wächst die Sicherheit und mit der Zeit wird man auch beim Packen der Ausrüstung effizienter.

Hier eine kurze Liste, was man auf alle Fälle dabei haben sollte:

1. VERPFLEGUNG

Stillende Mütter haben es bei den Wanderungen relativ leicht. Außer auf die eigene Flüssigkeitszufuhr müssen sie auf wenig achten. Trotzdem ist es oft ganz nützlich, etwas (abgekochtes) Wasser in der Thermosflasche mitzuhaben.

Für Fläschchenkinder ist abgekochtes heißes Wasser in der Thermosflasche ohnehin unerlässlich. Später braucht man es z.B. zur Zubereitung des Breis.

Zusätzlich ist eine Flasche mit (abgekochtem) kaltem Wasser sinnvoll, u.a. zum Kühlen des heißen Wassers, Händewaschen oder Trinken.

So ab einem halben Jahr kann man dann fertige Mittagsmahlzeiten im Gläschen mitnehmen.

Auch für größere Kinder immer ausreichend zu trinken einpacken. Reines Wasser ist die beste Flüssigkeit, die das Kind zu sich nehmen kann. Bitte bedenken: An der frischen Luft ist der Appetit deutlich größer als zu Hause.

2. BEKLEIDUNG

- Wechselkleidung und zwar für jedes Kleidungsstück samt Body oder Unterwäsche und Socken für Kinder jeder Altersstufe.
- Regenschutz: für die Kleinen einen Kinderwagenschutz; für die Größeren Regenbekleidung.
- Hauben (im Sommer auch für höhere Lagen) und/oder Sonnenkappen mit Schild bzw. Sonnenhüte der Jahreszeit entsprechend.
- Babydecke oder warmen Fußsack (Daune oder Fell) je nach Jahreszeit. Denn das Baby bewegt sich im Kinderwagen nicht. Sehr gefährlich sind längere Wanderungen mit Rückentragen in der kalten Jahreszeit. Damit kommt es nicht selten zu Erfrierungen.
- 2 Stoffwindeln (als Kopfunterlage, Spucktuch, Schattenspender, Handtuch etc. verwendbar)

- Warme Jacke für den Fall einer Wetteränderung und auf alle Fälle für höher gelegene Almen. 1000 Höhenmeter sind nicht zu unterschätzen!
- Trage bzw. Tragetuch
  Eine Rückentrage zusätzlich zum Kinderwagen ist wohl zu viel des Guten. Aber manchmal möchten auch die ganz Kleinen aus dem Wagen genommen werden. Dafür eignet sich ein Tragetuch oder eine Bauchtrage wie etwa Bondolino, Marsupi, emei, buzzidil, Manduca oder Ergo.

3. PFLEGE/SCHUTZ

(je nach Jahreszeit)

- 2-3 Windeln und Feuchttücher (gehören ordnungsgemäß entsorgt, evtl. Plastiksack mitnehmen)
- Sonnenschirm und -creme oder Wind- und Wettercreme
- Mückennetz für Kinderwagen (Achtung! Hitzestau beachten. Das Kind soll darunter auf keinen Fall schwitzen.)
- Verbandszeug (für die größeren Kinder und dich selbst)

4. SONSTIGES

- Taschenmesser (zum Apfelschälen, Pflasterabschneiden etc.)
- Decke gegen die Kälte
- Picknick-Decke für gemütliche Pausen

Zum Gebrauch des Outdoor-Führers

Sämtliche Touren wurden von mir teilweise mehrmals begangen und nach bestem Wissen und Gewissen beschrieben. Jedes Kapitel beinhaltet mindestens eine Wanderung pro Himmelsrichtung. Jede Wanderung ist nach dem gleichen Schema aufgebaut:

› Anforderung
Die Anforderungen grün, blau, rot beziehen sich auf den Schwierigkeitsgrad und auf die Wegbeschaffenheit. Ein Weg mit mittlerer Steigung, jedoch schlechter Wegbeschaffenheit würde unter „schwierig" eingestuft werden, da man in diesem Fall für das Schieben des Kinderwagens viel Kraft benötigt.

Leicht:
Bezieht sich auf ebene, gut aufgebaute oder asphaltierte Wege. Ein geländegängiger Kinderwagen ist bei diesen Touren nicht erforderlich. Ausnahme: Schneelage. Da allerdings viele Wege Schotterwege sind, ist ein Wagen mit großen Reifen trotzdem angenehmer.

Mittel:
Bezieht sich auf Wege mit leichten bis mittleren Steigungen oder nur einem Steilstück. Die Wegbeschaffenheit ist manchmal uneben. Ein geländegängiger Kinderwagen wird empfohlen.

Schwer:
Bezieht sich auf Wege mit steilen Passagen. Diese beinhalten öfters auch holprige Teilstücke. Ein geländegängiger Kinderwagen ist unbedingt erforderlich.

Legende

ZU DEN EINZELNEN TOUREN

Wegstrecke in Kilometern	2 km	sonnig bis schattig	
durchschnittliche Wegzeit	1 h	mit Kinderfahrrad	
mit Kinderwagen		öffentlich erreichbar	

ZU DEN WEGSKIZZEN

Badeplatz		Kirche / Materl	
Haltestelle		Markante Punkte	
Gasthof / Restaurant		Rastplatz	
Spielplatz		Hauptwanderweg	
Bahnhof		Wege	
Parkplatz		Straßen	
Häuser			

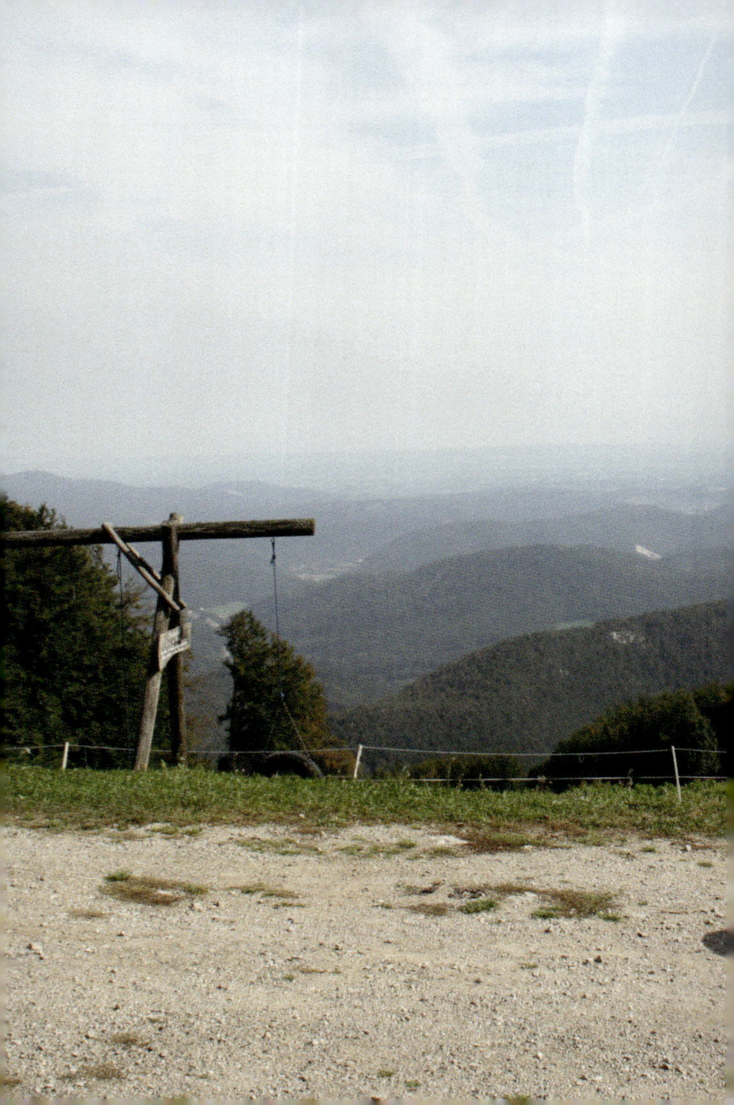

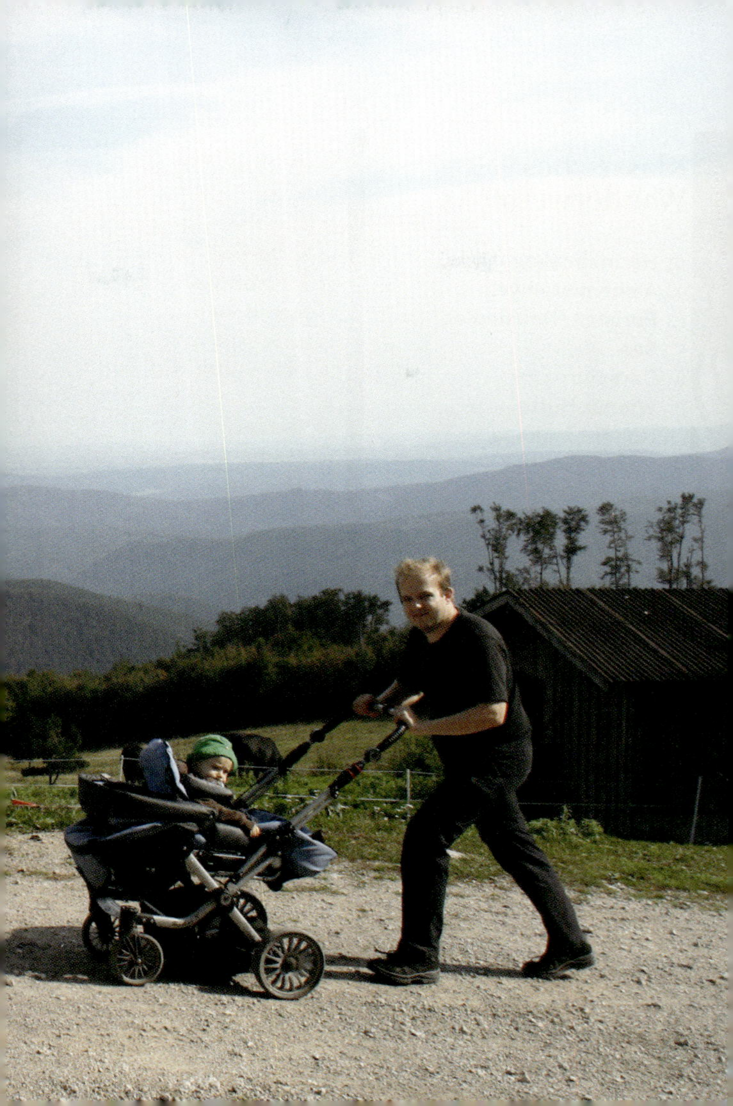

Inhalt

Klassisches Wanderwetter →S.12

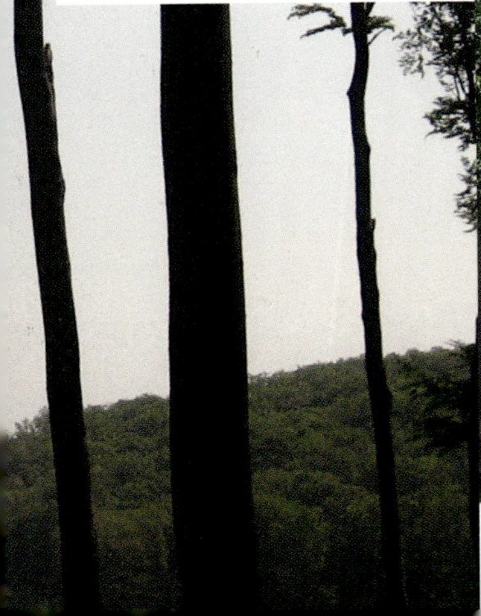

Sommerziele →S.42

Regenspaziergänge in Wien →S.72

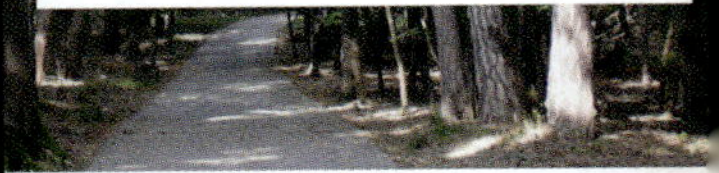

Inhalt

Winterwanderungen & Schlittenpartien →S.88

Ausflugsziele →S.106

Waldviertel →S.132

Spielplätze in Wien

Klassische Wanderungen

Klassiches Wanderwetter ist im Frühling und Herbst gegeben. Wer sich auch mit Kinderwagen einmal so richtig auspowern oder etliche Höhenmeter überwinden will, kommt in diesem Kapitel auf seine Kosten. Denn – mit Ausnahme der Touren am Neusiedler See und im Weinviertel – sind diese Wanderungen relativ anstrengend und hauptsächlich für erfahrene Kinderwagenschieber mit einer gewissen Grundkondition empfehlenswert.

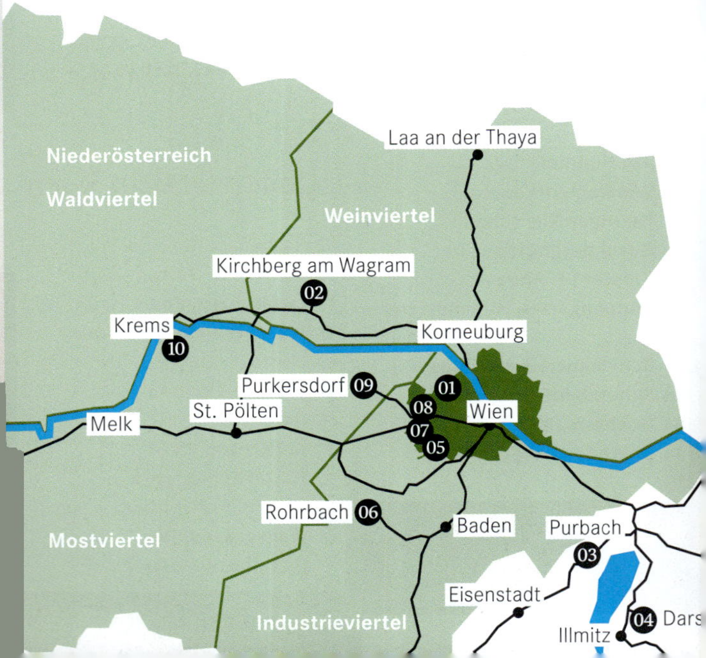

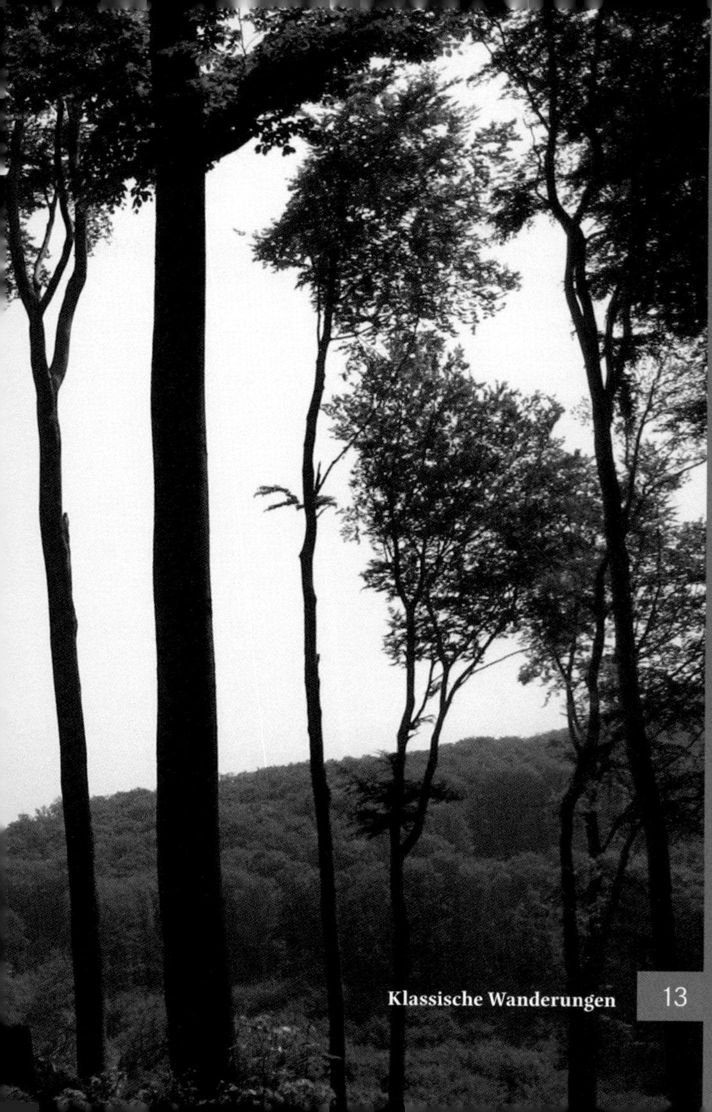

Klassische Wanderungen 13

01 Vom **Cobenzl** über die **Jägerwiese** auf den höchsten Berg Wiens

mittel
5,5 km
1,5h

Mit 542 Metern ist der Hermannskogel der höchste „Gipfel" Wiens. Die Wege rund um den Hermannskogel sind zwar an schönen Wochenenden überlaufen, unter der Woche aber angenehm erholsam. Die Wanderung selbst bietet viel Abwechslung: So befinden sich beim Ausgangspunkt Cobenzl ein Spielplatz und Tiergehege. Zusätzlich hat man von hier einen herrlichen Ausblick über Wien. Beim (Etappen-) Ziel Jägerwiese gibt es ebenfalls Pferde, Esel, Hasen und Schweine zu sehen. Ambitionierte Kinderwagenwanderer und Familien mit gehfreudigen Kindern können anschließend von der Jägerwiese aus den Hermannskogel erklimmen. Oben angekommen bietet die 27 Meter hohe Habsburgwarte einen netten Ausblick.

Anforderung: Cobenzl bis Jägerwiese: Mittel, teilweise holprige Wald- und Schotterwege, die stetig bergauf führen. Von der Jägerwiese auf den Hermannskogel: Schwer, da holpriger, steiler Waldweg. Geländegängiger Kinderwagen notwendig.

Dauer: Cobenzl-Jägerwiese RW: ca. 5,5 km, 70 Höhenmeter, 1,5 Std. Jägerwiese-Hermannskogel RW: ca. 1,7 km, 90 Höhenmeter, ca. 45 Min.

Bestes Wetter: Klassisches Wanderwetter. Auch im Sommer an nicht allzu heißen Tagen möglich, da der Weg größtenteils im Schatten verläuft. Ungeeignet bei Nässe.

Schatten: 75 Prozent

Kinderfahrrad: Nein

Anfahrt Auto: Auf der Höhenstraße bis zum Parkplatz Cobenzl. Dieser ist allerdings vor allem am Wochenende meist voll. Es gibt weitere Parkplätze in einer Parallelstraße zur Höhenstraße Richtung „Am Himmel". (Navi: 1190 Wien, Am Cobenzl)

Ausgangspunkt/P: Parkplatz Cobenzl.

Anfahrt öffentlich: Mit der Linie 38A von Heiligenstadt bis Parkplatz Cobenzl sehr gut erreichbar.

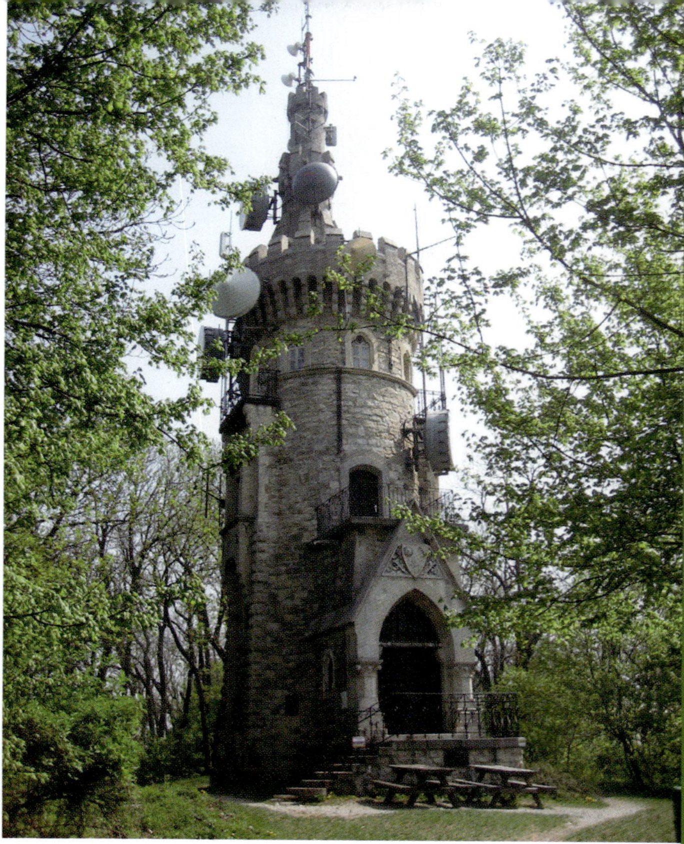

WANDERWERT FÜR KINDER

2-3 Jahre: Nur mit (geländegängigem) Kinderwagen. Sowohl beim Ausgangspunkt, dem Cobenzl, als auch bei der Jägerwiese gibt es Tiergehege und einen Spielplatz. Die Jägerwiese eignet sich hervorragend zum Drachensteigen.

4-6 Jahre: S.o.; Man kann eventuell auf den Hermannskogel verzichten und nur bis zur Jägerwiese und retour gehen.

INFOS:

· Gasthaus Zum Agnesbrünnl/ Jägerwiese, familienfreundliches Gasthaus, Tel. 01/4401300, *www.jaegerwiese.at*, Ruhetag: Mo und Di; · Die Habsburgwarte ist von April bis Oktober bei Schönwetter an Wochenenden und Feiertagen geöffnet.

WEGBESCHREIBUNG:

Cobenzl-Jägerwiese: Vom Parkplatz Cobenzl zunächst die Asphaltstraße mit Fahrverbotsschild beim Gasthaus Waldgrill links hineingehen. Hier kommt man dann gleich beim Weingut Cobenzl vorbei und zu einem Spielplatz. Danach weiter geradeaus auf die Schotterstraße Richtung Höhenstraße. Kurz vor der Höhenstraße rechts in einen holprigen, mit Schranken versperrten Weg einbiegen. Nach einiger Zeit werden ein paar Häuschen passiert. Nach den Häusern rechts abbiegen. Ab diesem Zeitpunkt geht es meistens bergauf. Bei der nächsten Weggabelung rechts den Waldweg bergauf (rot-weiß-rote Markierung). Nach einiger Zeit erreicht man die Weggabelung Kreuzeiche mit einem Hinweisschild zur Jägerwiese. Auf dem Weg dorthin lichtet sich der Wald ab und zu und gibt einen herrlichen Ausblick auf die bewaldeten Hügel des Wienerwaldes frei. Auf dem gleichen Weg geht es auch wieder zurück. Von der Jägerwiese kommend zu Beginn den Schildern des Stadtwanderwegs 2 folgen. Bei der Kreuzeiche gibt es dann die Möglichkeit, dem Wegweiser Richtung Cobenzl zurück zum Ausgangspunkt zu folgen. Dieser Weg ist kürzer, aber auch deutlich steiler.

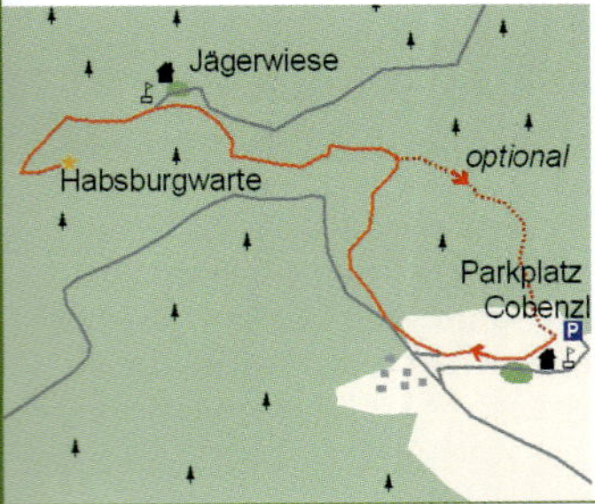

Jägerwiese-Hermannskogel: An den Tiergehegen vorbei führt ein Waldweg auf den Hermannskogel. Der Weg ist vor allem im oberen Teil steil und holprig. Bei der Stempelstelle am Bergrücken geht es dann links zur Habsburgwarte. Das letzte Stück zur Warte ist sehr holprig. Eine Tragehilfe ist hier empfehlenswert.

02 Alchemistenweg im Weinviertel

mittel
4,5 km
80 min
☼

Auch in der Region Wagram versuchte einst ein Alchemist Gold zu erzeugen. Das beweist in Oberstockstall gefundenes Laborinventar. Daher ist das Thema Alchemie in dieser Gegend mit einem Alchemistenmuseum, einem Alchemistenpark und eben dem Alchemistenweg allgegenwärtig. Diesen Weg könnte der Oberstockstaller Alchemist gegangen sein, heißt es. Und auch mit dem Kinderwagen ist die Tour vor allem im Frühjahr oder Herbst sehr nett. Einzig der Teil über den Grasweg ist etwas schweißtreibend.

Anforderung: Mittel; ein Stück (ca. 5 Min.) auf einem Grasweg ist bei hohem Gras schwer; geländegängiger Kinderwagen vorteilhaft.

Dauer: RW: 4,5 km, 60 Höhenmeter, 1 Std. 20 Min.

Bestes Wetter: Klassisches, nicht zu heißes Wanderwetter, da der Weg weite Strecken über offenes Gelände führt; nicht bei Regen oder nach regnerischen Tagen, da der Rückweg durch den Wald dann zu rutschig ist.

Schatten: 25 Prozent

Kinderfahrrad: Nein

Anfahrt Auto: A22 bis Knoten Stockerau, weiter auf der Schnellstraße Richtung Krems bis zur Abfahrt Kirchberg am Wagram. Auf der Neustifterstr. bis Kirchberg, danach beim Kreisverkehr rechts ein Stück auf der Kremserstr. und schon bald links in den Mühlweg nach Mitterstockstall einbiegen. Bis zur Kellergasse in Mitterstockstall, davor allerdings nach links zum großen, eingezäunten Grundstück des Schloss Winkelberg. Auf der rechten Straßenseite sind hier ein paar Parkplätze. (Navi: 3470, Mitterstockstall)

Ausgangspunkt/P: Vom Parkplatz gegenüber dem Schloss Winkelberg ein Stück zurück bis zur beschilderten Kellergasse gehen.

Anfahrt öffentlich: Öffentliche Anreise in einer vernünftigen Zeit nicht möglich.

WANDERWERT FÜR KINDER

2-3 Jahre: Nicht empfehlenswert
4-6 Jahre: Es gibt die Möglichkeit, den Weg ca. um die Hälfte abzukürzen. Dazu bei den Weingärten am Plateau links in den Schotterweg Richtung Hochbehälter einbiegen und der Markierung 4a folgen, bis der Weg wieder auf den Waldweg stößt. In diesen links einbiegen und bergab nach Oberstockstall.

INFOS:

• Direkt am Weg keine Möglichkeit, einzukehren. Es gibt aber in Mitterstockstall etliche Weinbauern und Heurige. Eine Übersicht der Heurigenbetriebe der Region findet sich unter Tourismus/Gastronomie auf *www.kirchberg-wagram.at*. • In Kirchberg am Wagram gibt es den frei zugänglichen Alchemistenpark mit dem Ziel, möglichst alle Obst tragenden Pflanzen, die in der Region wachsen können, anzubauen.
• Ebenfalls in Kirchberg steht das Alchemistenmuseum, dieses ist/war bei bei Drucklegung leider aufgrund von Umgestaltung bis auf weiteres geschlossen.

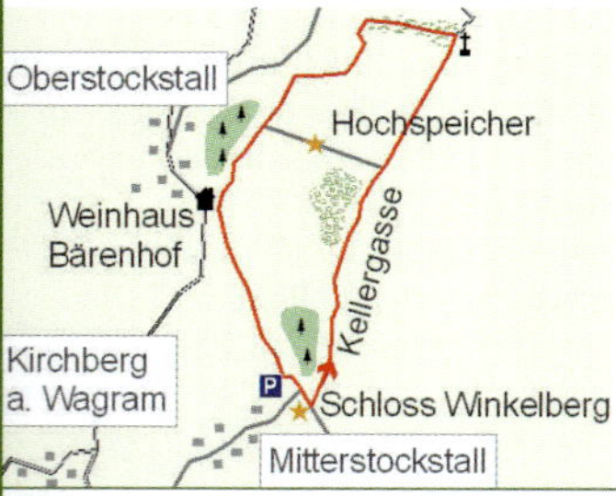

WEGBESCHREIBUNG:

Vorweg: Der Weg ist schlecht, aber doch mit der Nummer 4c beziehungsweise manchmal mit Holzwegweisern (Alchemistenweg) beschildert.
Zur Wanderung: Zuerst die Kellergasse bergauf gehen bis das Plateau mit den Weingärten erreicht wird. Diesen Weg, der später von Asphalt in Schotter übergeht, immer weiter. Schließlich taucht auf der rechten Seite ein Kreuz auf. Hier links in den Grasweg, der bei höherem Gras sehr mühsam ist, einbiegen. Am Ende des Grasabschnittes nach links in den breiten Schotterweg und danach gleich nach rechts. Bei der nächsten Kreuzung geradeaus in den Waldweg. Beim Weinhaus Bärnhof kommt man in Oberstockstall auf die Straße. Nach links und der Straße entlang immer geradeaus zurück nach Mitterstockstall.

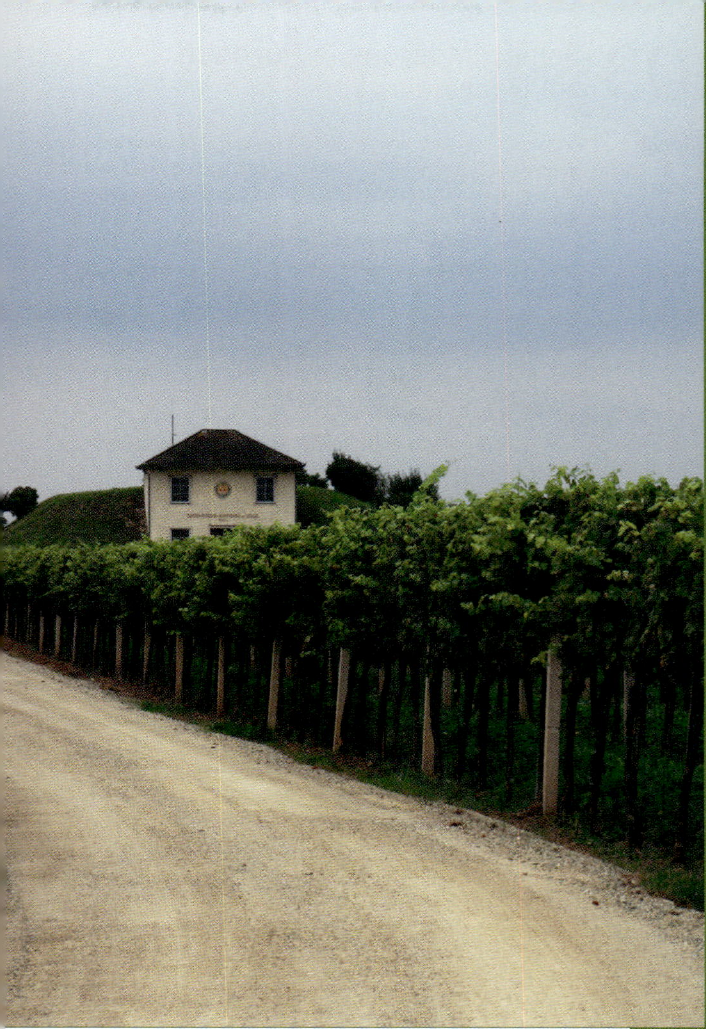

03 Schilfwanderung in **Purbach** am Neusiedler See

leicht
5,8 km
1,5 h

Unmengen an Schilf und ein kleiner Kanal: Diese Wanderung am Neusiedler See verströmt südliches Flair mitten in Ost-Österreich. Die Tour ist außerdem absolut ruhig, sodass man unterwegs das beruhigende Gezwitscher der unterschiedlichsten Wasservögel hören kann. Ein Nachteil ist allerdings, dass es keinen Schatten gibt. Dafür führt der einfach zu gehende Schotterweg zu einer Wiese direkt am See. An wärmeren Tagen kann hier gebadet werden. Badesachen nicht vergessen! Nach der Wanderung lohnt sich ein Abstecher in die Kellergasse von Purbach mit ihren 50 alten Weinkellern.

Anforderung: Leicht; breite, ebene Schotterstraße.
Dauer: RW: 5,8 km, kein Höhenunterschied, ca. 1,5 Stunden
Bestes Wetter: Klassisches Wanderwetter. Am geeignetsten sind leicht bedeckte Tage, da es auf der Strecke keinen Schatten gibt. Die Wanderung keinesfalls im Hochsommer machen. Besonders schön ist diese Gegend übrigens zur Kirschblüte (ca. Mitte April).
Schatten: 0 Prozent
Kinderfahrrad: Ja, der gesamte Weg kann problemlos mit dem Fahrrad befahren werden.
Anfahrt Auto: A4 bis Neusiedl am See, weiter auf der Burgenland-Bundesstraße B50 Richtung Eisenstadt bis Purbach. Dort zum Hafen. (Navi: 7083 Purbach am Neusiedler See, Yachthafen)
Ausgangspunkt/P: Bootshafen in Purbach. Es gibt dort Parkplätze direkt beim Bootshaus der FF Purbach.
Anfahrt öffentlich: Vom Hauptbahnhof mit dem Zug nach Purbach. Dazu zuerst nach Neusiedl am See und dort umsteigen nach Purbach.

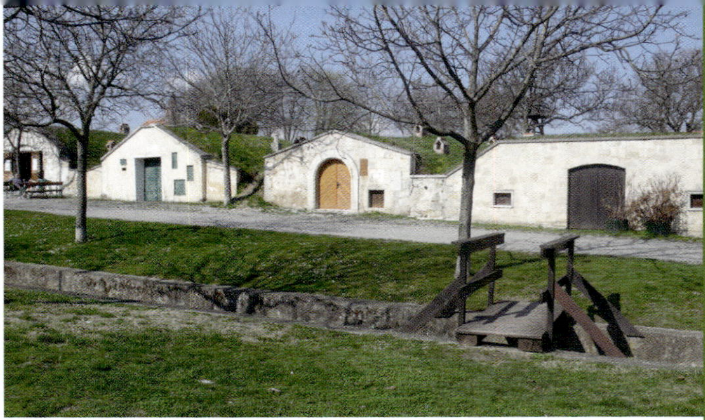

WANDERWERT FÜR KINDER

2-3 Jahre: Nur mit Kinderwagen. Großer Spielplatz und ein Solarwarmbad in der Nähe des Ausgangspunktes. Unterwegs kann den unterschiedlichsten Vogelstimmen gelauscht werden.

4-6 Jahre: S.o.; der Weg ist mit dem Rad befahrbar und eigentlich ist es sogar empfehlenswert das Rad mitzunehmen, da sich der ebene, meist gerade Weg sonst ziehen könnte. Bademöglichkeit am Ende des Weges.

INFOS:

• Unterwegs keine Einkehrmöglichkeit, daher ausreichend Proviant mitnehmen. Im Zentrum von Purbach (nicht in der Nähe des Sees, sondern auf der anderen Seite der Bundesstraße) gibt es eine sehr nette Kellergasse mit Heurigen und Lokalen. Jeden ersten Samstag im Monat von Frühling bis Herbst findet eine Weinverkostung statt. Infos beim Tourismusbüro, Tel. 02683/5920, *www.purbach.at*; • Öffnungszeiten Solarwarmbad: Anfang Mai bis Anfang September, Tel. 02683/3432. • Außerdem gibt es in der Umgebung einige Möglichkeiten für einen 2. Spaziergang: z.B. ein Stück am Kirschblütenweg, der durch Purbach führt.

WEGBESCHREIBUNG:

Vom Bootshafen den breiten Schotterweg am Kanal entlang immer geradeaus gehen. Man kommt bei acht Naturlehrpfad-Schautafeln rund um das Thema Neusiedler See und Schilf vorbei. Der Weg endet schließlich bei einer Wiese direkt am See. Hier kann man picknicken und baden gehen. Auf dem gleichen Weg geht es wieder zurück.

04 Rund um den **Darscho** im Nationalpark Neusiedler See

leicht
3,1 km
50 min

Im Rahmen eines Ausfluges an das Ostufer des Neusiedler Sees bietet sich diese Tour für einen gemütlichen Kinderwagen-Spaziergang an. Die Darscho-Lacke im Nationalpark Neusiedler See-Seewinkel ist der „kleine Bruder" der Langen Lacke und deutlich weniger überlaufen. Das Wasser der Lacke ist Salzwasser und unzählige Vogelarten - und Vogelbeobachter mit überdimensionalen Teleobjektiven - tümmeln sich hier. Kein Wunder also, dass beruhigendes Vogelgezwitscher ständiger Begleiter auf dieser Wanderung ist. Die Lacke ist übrigens nicht sehr tief. Daher kann es vorkommen, dass sie im Sommer austrocknet. Im Winter ist es möglich, am zugefrorenen Darscho eiszulaufen.

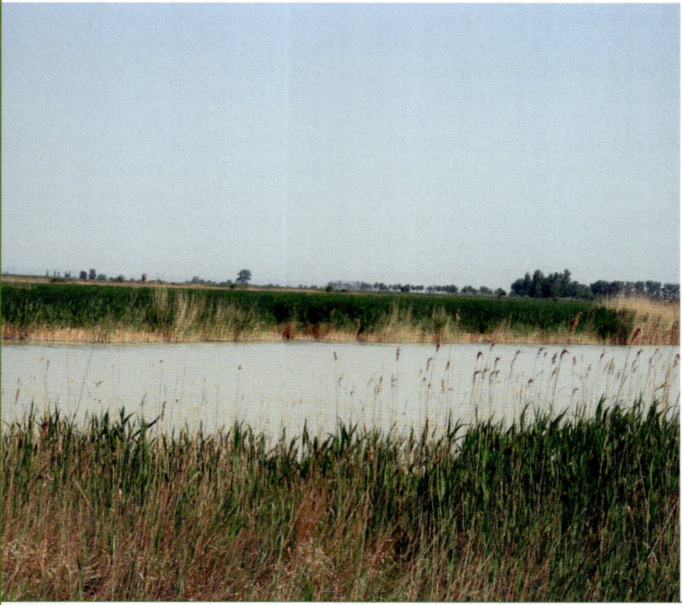

Anforderung: Leicht; schöner, ebener Schotterweg.
Dauer: RW: 3,1 km, kein Höhenunterschied, ca. 50 Min.
Bestes Wetter: Klassisches Wanderwetter. In dieser Gegend ist es auch an schönen Tagen oft sehr windig.
Schatten: 0 Prozent
Kinderfahrrad: Ja, aber nicht für Anfänger geeignet, da es ein Schotterweg ist.
Anfahrt Auto: Auf der A4 bis zur Abfahrt Mönchhof. Durch Mönchhof weiter Richtung Frauenkirchen. Durch Frauenkirchen ebenfalls durch und weiter Richtung Apetlon. Auf der Straße zwischen Frauenkirchen und Apetlon taucht auf der rechten Seite kurz vor Apetlon die Lacke auf. Man sieht von der Straße deutlich den Schotterweg, der um die Lacke herumführt.
Ausgangspunkt/P: Direkt beim Schotterweg an der Darscho-Lacke kann man parken und gleich losgehen.
Anfahrt öffentlich: Nicht möglich.

WANDERWERT FÜR KINDER

2-3 Jahre: Es gibt einen Spielplatz bei der Ortseinfahrt von Apetlon. Entlang des Weges ist allerdings keiner. Dafür bieten sich immer wieder Möglichkeiten, am Ufer zu spielen. Kinderwagen oder Buggy mitnehmen, da die gesamte Strecke zu lange ist.
4-6 Jahre: S.o., viele Vögel zum Beobachten.

INFOS:

• Entlang des Weges keine Einkehrmöglichkeit. Allerdings gibt es viele Lokale und Heurige in den umliegenden Orten (z.B. in Mönchhof oder Illmitz). • Nationalpark-Informationszentrum: Tel: 02175/3442, *www.nationalpark-neusiedlersee-seewinkel.at* • Schloss Halbturn, *www.schlosshalbturn.com* • In der Nähe von Apetlon liegt mit 114 Metern auch der tiefste Punkt Österreichs.

WEGBESCHREIBUNG:

Der Weg ist sehr einfach: Dem Schotterweg, der rund um den Darscho führt, folgen. Ein Stück des Rundweges (ca. 250 Meter) muss allerdings auf der Straße zurückgelegt werden.

05 Zur **Wiener Hütte**

schwer
9 km
2,5 h

Ein schöner Weg durch malerischen Wald: Die Wanderung von Rodaun auf die Wiener Hütte lohnt sich auf alle Fälle. Bis zur Hütte geht es allerdings stetig bergauf. Für Ungeübte ist diese Tour daher nicht geeignet.

Anforderung: Schwer; im ersten Teil der Wanderung ein steiles, holpriges Bergabstück. Es ist von Vorteil, hier zu zweit unterwegs zu sein oder eine Bandschlinge beziehungsweise ein kurzes Seil zum Sichern des Kinderwagens mitzunehmen. Der restliche, stetig ansteigende Weg birgt keine größeren Schwierigkeiten. Ein geländegängiger Kinderwagen ist notwendig.
Dauer: RW: rund 9 km, ca. 160 Höhenmeter, 2,5 Std.
Bestes Wetter: Klassisches Wanderwetter. Es sollte jedoch nicht nass sein.
Schatten: 100 Prozent
Kinderfahrrad: Nein
Anfahrt Auto: Richtung Perchtoldsdorf beziehungsweise Liesing. Dort nach Rodaun in die Ketzergasse. Von hier aus zur Endstelle der Straßenbahnlinie 60. Es gibt Parkplätze in den Gassen rund um die Endstation. (Navi: 1230, Schillerpromenade)
Ausgangspunkt/P: Endstation der Linie 60. In den Straßen der Umgebung befinden sich Parkplätze.
Anfahrt öffentlich: Mit der Straßenbahnlinie 60 bis zur Endstation Rodaun.

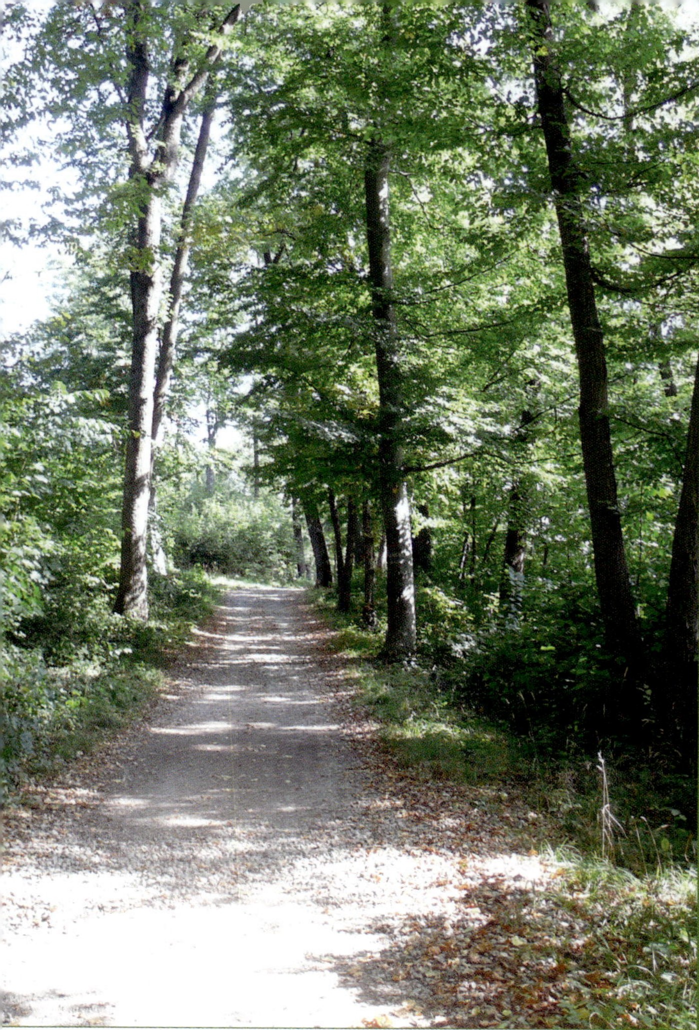

WANDERWERT FÜR KINDER

2-3 Jahre: Nicht geeignet. Es gibt allerdings auch eine Möglichkeit mit dem Auto zur Wiener Hütte (mit Spielplatz, Ziegen und Hasen) zu fahren und von dort aus ein Stück entlang des Weges zu gehen.
4-6 Jahre: S.o.

INFOS:

- Wiener Hütte, bei Drucklegung leider noch geschlossen, aber eine Neueröffnung ist geplant.

WEGBESCHREIBUNG:

Von der Endstelle der Straßenbahnlinie 60 zur Ketzergasse und auf dieser dann nach links, also stadtauswärts. Bald links in die Willergasse einbiegen und bergauf zum Rodauner Kirchenplatz. Die Willergasse noch weiter bis zum Internat Sta. Christiana. Hier den mit Schranken versehenen und mit einem Forststraße-Schild gekennzeichneten Weg gegenüber dem Gebäude hinein. Der schöne Waldweg führt stetig bergauf bis schließlich eine Kreuzung erreicht wird. Rechts Richtung Wiener Hütte abbiegen. Kurz danach kommt ein kurzes, aber schweres, da steiles und holpriges Stück bergab. Dann dem Stadtwanderweg 6 folgen.
Es geht nun entlang einer Mauer eben dahin, bevor der Weg wieder ansteigt und bis zur Wiener Hütte führt. Zurück auf demselben Weg. Bei der Mauer allerdings nicht rechts abbiegen, sondern weiter der Mauer entlang bergab gehen. Man erreicht so die Ketzergasse, biegt in diese rechts ein und kurz darauf nochmals rechts wieder in den Wald hinein. Steil und holprig geht es nun noch mal kurz bergauf. Bei der Kreuzung nach links bis zum Rodauner Kirchenplatz. Von hier aus die Willergasse hinunter, rechts in die Ketzergasse und zurück zum Ausgangspunkt.

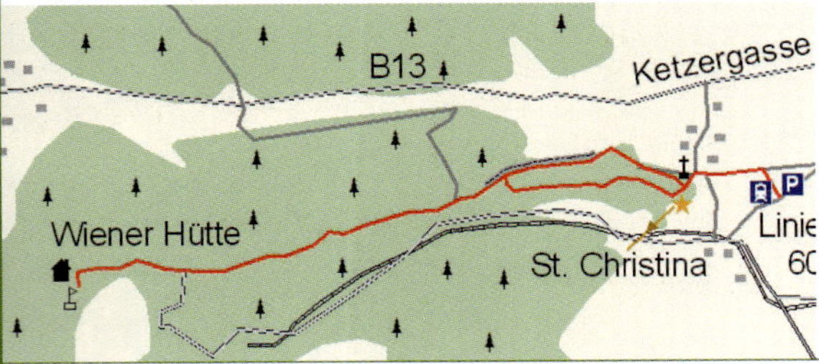

06 Auf den **Hohen Lindkogel** (834 m)

schwer
7,4 km
2,5 h

Diese Wanderung ist mit einem Höhenunterschied von 340 Metern eine Tour für konditionsstarke und erfahrene Kinderwagenschieber, die sich gerne wieder einmal auspowern möchten. Auf einer schönen Forststraße geht es bergauf, zunächst durch Wald, der sich später aber immer wieder lichtet. Schließlich entlohnt die wunderschöne Aussicht für alle Strapazen. Oben angekommen befindet sich außerdem gleich beim Schutzhaus Eisernes Tor die Sina-Warte, eine Aussichtswarte, die einen herrlichen Rundum-Blick – über den gesamten Wienerwald und an sehr schönen Tagen sogar bis nach Wien – ermöglicht.

Anforderung: Schwer; nur für Konditionsstarke, da die Forststraße zu Beginn und gegen Ende sehr steil, sonst steil ist; für den Rückweg Bandschlinge oder ein kurzes Stück Seil zum Sichern des Kinderwagens mitnehmen; geländegängiger Kinderwagen sinnvoll.

Dauer: RW: 7,4 km, 340 Höhenmeter, 2,5 Std.

Bestes Wetter: Klassisches Wanderwetter; im Winter wird aus der Forststraße eine Rodelstrecke.

Schatten: 75 Prozent

Kinderfahrrad: Nein

Anfahrt Auto: Auf der A2 bis Baden. Weiter nach Bad Vöslau. Immer auf der Hauptstraße bleiben, so durch Bad Vöslau nach Gainfarn. Durch Gainfarn und kurz nach Ende des Ortes rechts Richtung Schwarzensee abbiegen. Auf dieser Straße bleiben und nach einer Weile dem Wegweiser nach rechts Richtung Rohrbach folgen. Kurz vor dem großen Steinbruch in Rohrbach befindet sich auf der linken Seite ein Parkplatz. (Navi: 2565 Alland (Rohrbach))

Ausgangspunkt/P: Die Forststraße startet gegenüber dem Parkplatz. Auf der rechten Seite des Weges ist ein „Eisernes Tor"-Wegweiser angebracht.

Anfahrt öffentlich: Nicht möglich

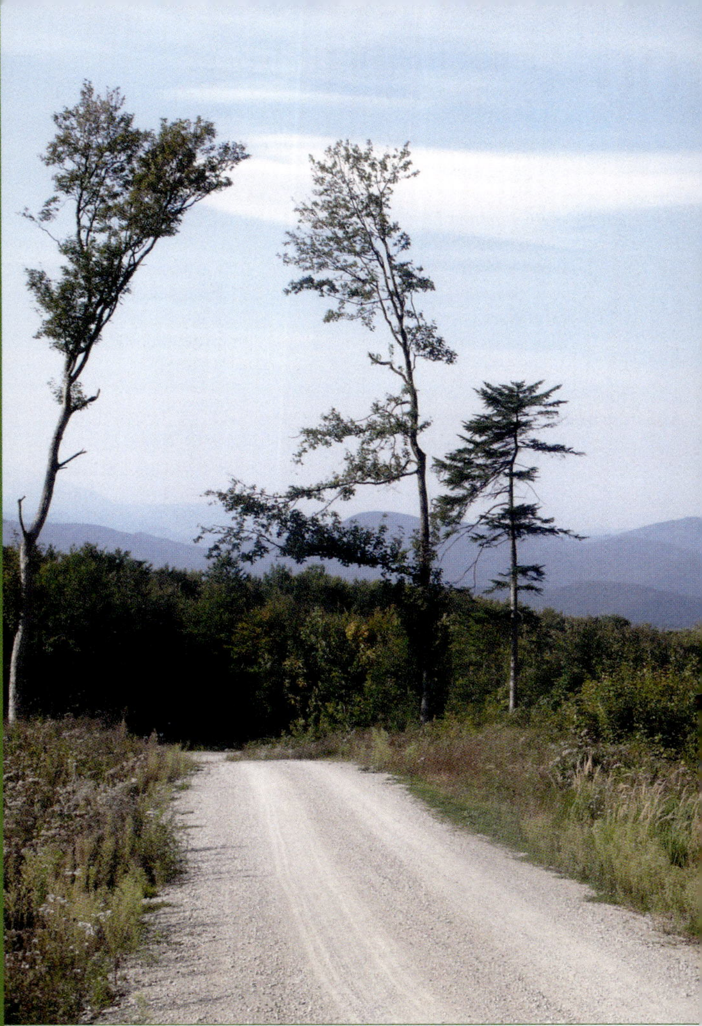

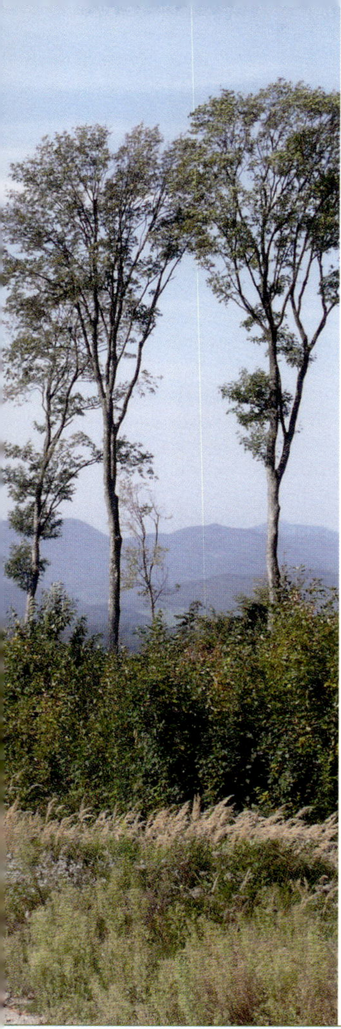

WANDERWERT FÜR KINDER

2-3 Jahre: Nicht geeignet
4-6 Jahre: Nicht geeignet

INFOS:

- Schutzhaus Eisernes Tor, netter Gastgarten, Aussichtswarte (Sina-Warte), Tel. 02252/48640, ganzjährig geöffnet, Ruhetag: Mo.

WEGBESCHREIBUNG:

Immer die Forststraße entlang zum Schutzhaus Eisernes Tor. Zu Beginn ist der Weg recht steil. Bei der ersten Abzweigung rechts auf der Forststraße bleiben. Danach lichtet sich der Wald kurz. Bei der nächsten Abzweigung links halten. Schließlich dort, wo die unterschiedlichen Routen wieder zusammenlaufen nach rechts und nochmals steil bergauf bis zum Schutzhaus und zur Aussichtswarte.

07 Zum **Rohrhaus** im Lainzer Tiergarten

schwer
9,4 km
3 h

Der Lainzer Tiergarten ist eine 2.450 Hektar große Wald- und Wiesenfläche im Westen Wiens mit sechs Eingängen. Der Eingang Lainzer Tor ist davon wohl einer der beliebtesten. Zu recht: Der Weg ist sehr abwechslungsreich. Auf einem ebenen, asphaltierten Weg gelangt man zunächst zur Hermesvilla und nach einem steileren Anstieg schließlich zum Rohrhaus, wo hausgemachte Mehlspeisen als willkommene Stärkung angeboten werden. Je nach Lust und Zeit kann die Wanderung zum Wienerblick mit herrlichem Ausblick über Wien fortgesetzt werden.

Anforderung: Lainzer Tor bis Hermesvilla: leicht, Hermesvilla bis Rohrhaus: schwer – die Straße ist zwar asphaltiert, aber es geht doch ein längeres Stück ziemlich bergauf, Rohrhaus-Wienerblick: mittel – ein leicht ansteigender Forstweg.

Dauer: Lainzer Tor – Hermesvilla: 1,3 km, 40 Höhenmeter, ca. 20 Minuten; Hermesvilla – Rohrhaus: ca. 2 km, 100 Höhenmeter, ca. 45 Minuten, Rohrhaus – Wienerblick: 1,4 km, 30 Höhenmeter, ca. 20 Minuten.

Bestes Wetter: Klassisches Wanderwetter. Auch an regnerischen Tagen möglich, da man die gesamte Wanderung auf asphaltierten Wegen zurücklegen kann. Im Sommer zu heiß. Bis zur Hermesvilla auch eine schöner Winterspaziergang, da der Weg geräumt wird.

Schatten: 50 Prozent

Kinderfahrrad: Kinderfahrrad (für kleine Kinder, da Fahrradfahren hier eigentlich verboten ist) bis zur Hermesvilla möglich.

Anfahrt Auto: Von Speising die Hermesstrasse zum Lainzer Tor. (Navi: 1130 Wien, Lainzer Tiergarten, Hermesstrasse)

Ausgangspunkt/P: Lainzer Tor. Hier gibt es auch einen Parkplatz. An schönen Wochenenden ist dieser allerdings sehr rasch voll. Weitere Parkmöglichkeiten gibt es in der Umgebung.

Anfahrt öffentlich: Zum Lainzer Tor gelangt man mit der Straßenbahnlinie 60 bis Hermesstraße und anschließend mit der Buslinie 60B.

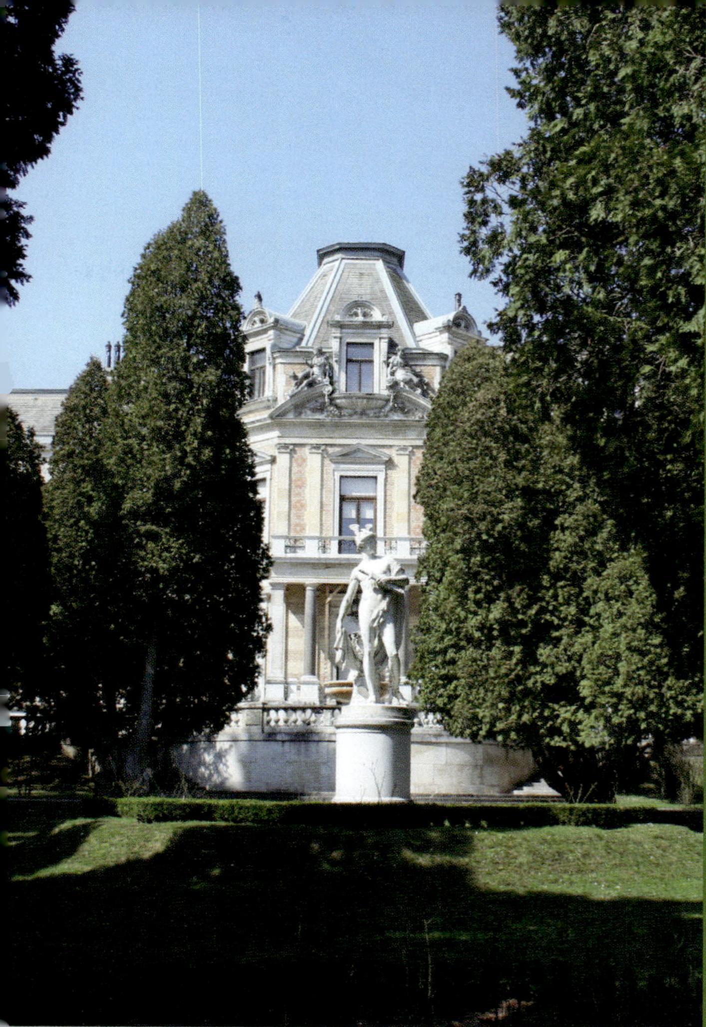

WANDERWERT FÜR KINDER

2-3 Jahre: Die Strecke Lainzer Tor - Hermesvilla bietet sehr viel: großer Spielplatz gleich beim Eingang, Tiergehege, Ententeich, kleine Bäche zum Plantschen. Der ebene asphaltierte Weg zur Hermesvilla eignet sich zum Laufradfahren. Schöner Spielplatz auch beim Rohrhaus. Für die gesamte Wanderung Kinderwagen mitnehmen.

4-6 Jahre: S.o., Naturlehrpfad, bei dem die typischen Baumarten des Wienerwaldes beschrieben und gezeigt werden.

INFOS:

• Öffnungszeiten des Tiergartens beachten! Auskünfte dazu: Tel. 01/4000-49200. Beim Portier gibt es auch einen Tiergarten-Plan zum Mitnehmen. Am Weg liegen zwei Gasthäuser: • Restaurant Hermesvilla, Tel. 01/8041323, *www.hermes-villa.at*, Ruhetag: Mo.
• Rohrhaus, das sogar ein klein wenig an eine Hütte erinnert, Tel. 0681/10321264, *www.rohrhaus.at*, die Öffnungszeiten richten sich nach dem Tierpark.

WEGBESCHREIBUNG:

Der Lainzer Tiergarten wird durch das Lainzer Tor betreten. Hier geradeaus auf dem ebenen, breiten, asphaltierten Weg an Tiergehegen und Spielplatz vorbei. Bei der Kreuzung nach etwas mehr als 700 Metern dem Wegweiser „Hermesvilla“ folgend rechts abbiegen. Durch die Anlage der Hermesvilla durch, danach links abbiegen. Nach wenigen Metern kommt erneut eine Weggabelung: Der rechte ist der asphaltierte Weg zum Rohrhaus. Ab hier geht es dann stetig und teilweise doch recht steil bergauf bis zum Rohrhaus. Wer dann noch Lust hat, kann weiter zum Wienerblick mit herrlichem Ausblick über Wien wandern. Dazu rechts in den breiten Forstweg abbiegen und diesem bis zum beschilderten „Wienerblick“ folgen. Am gleichen Weg zurück zum Rohrhaus. Beim Rückweg zur Hermesvilla ist es möglich, den Waldweg zu nehmen, der gleich neben dem asphaltierten Weg beginnt, auf dem man hinaufgekommen ist. Dieser ist kürzer, aber auch steiler, stellenweise ziemlich holprig und bei Nässe keinesfalls zu empfehlen. Wieder bei der Hermesvilla angelangt, diesmal nicht durch die Anlage durch gehen, sondern links abbiegen und ein Stück auf der Asphaltstraße entlang, um dann rechts in den Naturlehrpfad einzubiegen. Dieser Waldweg führt direkt zurück zum Lainzer Tor.

08 Bergab durch **Steinhofgründe** und **Dehnepark** nach Hütteldorf

mittel
5 km
1 h 15 min

Diese Wanderung führt praktisch durchgehend bergab durch zwei grüne, aber dennoch sehr unterschiedliche Erholungsgebiete Wiens: zuerst durch die Steinhofgründe mit weiten Wiesen, anschließend durch den bewaldeten Dehnepark. Die Steinhofgründe gehörten ursprünglich zum Otto-Wagner-Spital. Eine Volksabstimmung verhinderte (bisher) die Verbauung des Areals. Das Gebiet ist sehr abwechslungsreich. Es bietet sich also an, hier Zeit zum Picknicken, Spielen und Ausspannen einzuplanen. Im Anschluss wird noch der angrenzende Dehnepark durchquert.

Anforderung: Mittel; es sind zwar breite Wege, aber diese sind stellenweise etwas holprig. Das erste Stück im Dehnepark ist schwer, da es einen holprigen Waldweg steil bergab geht. Hier ist es empfehlenswert, eine Tragehilfe mitzunehmen. Das Stück kann aber auch auf der Straße umgangen werden (siehe Wegbeschreibung). Geländegängiger Kinderwagen notwendig.

Dauer: Ca. 5 km, rund 100 Höhenmeter bergab, ca. 11/4 Std.

Bestes Wetter: Klassisches Wanderwetter. Bei Nässe ungeeignet.

Schatten Steinhofgründe: 25 Prozent, Dehnepark: 75 Prozent

Kinderfahrrad: In den Steinhofgründen für Geübte möglich.

Anfahrt Auto: Da Anfangs- und Endpunkt unterschiedlich sind, ist es am besten, öffentliche Verkehrsmitteln zu nehmen. Wenn man allerdings nur in den Steinhofgründen spazieren gehen will, dann von Ottakring die Johann-Staud-Straße Richtung Wilhelminenberg fahren und in der Nähe der Feuerwache „Am Steinhof“ parken. (Navi: 1140 Wien, Heschweg, Steinhofgründe)

Ausgangspunkt/P: Feuerwache „Am Steinhof“. Gleich neben dem Gebäude führt ein Tor in das Erholungsgebiet Steinhof. Es gibt einen Parkplatz in der Nähe der Feuerwache.

Anfahrt öffentlich: Zum Startpunkt kommt man von der U3-Station Ottakring aus sehr gut mit den Bussen 46B bzw. 146B bis zur Haltestelle Feuerwache am Steinhof. Endpunkt der Wanderung ist der Bahnhof/U-Bahn Hütteldorf.

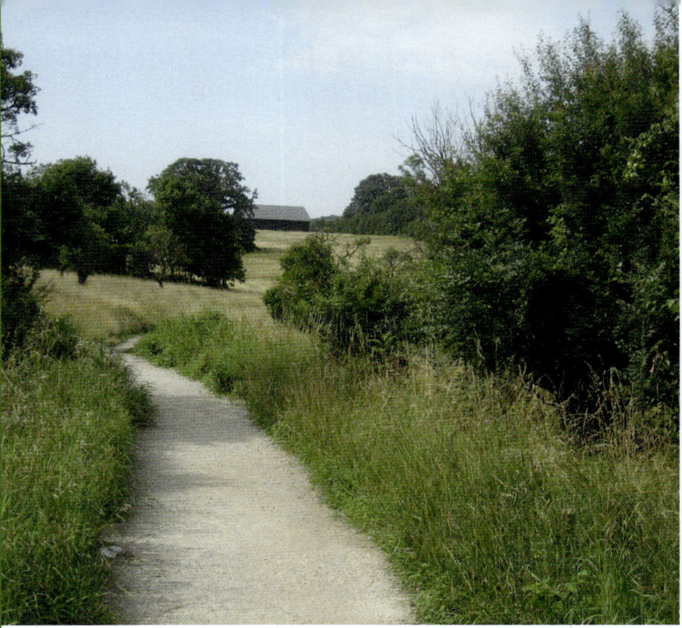

☺ WANDERWERT FÜR KINDER

2-3 Jahre: Nur mit Kinderwagen. Eine Alternative wäre es, eine Runde in den Steinhofgründen zu gehen. Unterwegs gibt es große Spielplätze, viele Wiesen zum Toben, Kletterbäume. Im Dehnepark einen Bach zum Plantschen.

4-6 Jahre: S.o.

i INFOS:

• Die Steinhofgründe können nur durch die Tore betreten werden, daher unbedingt die Öffnungszeiten beachten: *www.wien.gv.at/umwelt/wald/erholung/steinhof.html.* Hunde sind hier nicht erlaubt. • Entlang des Weges gibt es unzählige Picknicktische, die zur Rast einladen. • Eine Einkehrmöglichkeit ist das Große Schutzhaus Rosental, das nur ein paar Minuten vom beschriebenen Weg entfernt ist (den Hinweisschildern folgen), Tel. 01/9114751, *www.schutzhaus-rosental.at*; • Am Rand der Steinhofgründe liegt die sehenswerte Otto-Wagner-Kirche.

WEGBESCHREIBUNG:

Die Steinhofgründe werden durch das Tor neben dem Gebäude der Feuerwache betreten. Links abbiegen und den Schotterweg entlang. Schon sehr bald werden so ein Spielplatz, eine Wiese zum Toben und Picknicktische erreicht. Der Weg macht hier eine Rechtskurve und statt auf Schotter wandert man nun auf einem breiten, erdigen Wiesenweg. Kurze Zeit später folgt erneut eine Rechtskurve und eine Sandkiste sowie ein kleiner Teich werden erreicht. Bei der bald folgenden Wegkreuzung mit Brunnen links abbiegen. Den Schotterweg einige Minuten entlang gehen.
Dann kommen kurz hintereinander zwei Abzweigungen nach rechts (geradeaus weiter geht es zur Otto-Wagner-Kirche). Den zweiten Weg (nicht jenen mit dem Wegweiser zum Schutzhaus Rosental) nehmen. Es geht weiter bergab.
Wenn man bei der nächsten Weggabelung rechts abbiegt, erreicht man nach einigen Minuten das Große Schutzhaus Rosental. Um in den Dehnepark zu kommen, allerdings geradeaus weiter gehen. So wird schließlich das Gelände des Otto-Wagner-Spitals erreicht. Rechts an den Gebäuden vorbei. Nach wenigen Metern kommt rechts das Tor, durch das die Steinhofgründe verlassen werden. Die Straße überqueren und schon ist man im Dehnepark. Den Waldweg geradeaus entlang wandern. Es folgt ein sehr steiles und holpriges Bergab-Stück. Eine Tragehilfe ist notwendig oder man umgeht das Stück (siehe weiter unten). Schließlich gelangt man bei der Ruinenvilla auf einen breiten Weg, in den man links einbiegt.
(Das Stück kann auch umgangen werden, indem man nach dem Tor links in den Heschweg einbiegt, der in die Sanatoriumsstr. übergeht. Dann rechts in die Dehnegasse. So gelangt man gleich zum breiten Weg kurz unterhalb der Ruinenvilla).
Bald kommt ein Spielplatz. Links vorbei bis zum Ausgang auf die Dehnegasse. Weiter bis zur Rosentalgasse und diese ein Stück bis zur Linzer Straße. Links einbiegen und bis zur Bahnhofsstraße spazieren, die schließlich zum Bahnhof Hütteldorf führt.

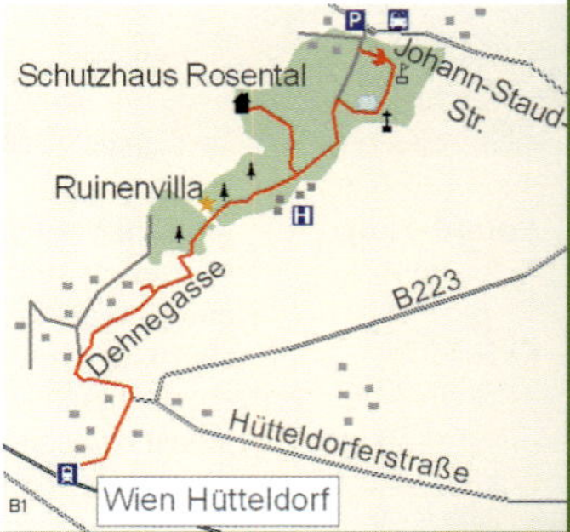

09 Auf den **Schöffelstein**

schwer
6 km
2h

Der Naturpark Sandstein-Wienerwald in Purkersdorf bietet viel Abwechslung: schöne Wälder, einen Bach, Tiergehege, Spielplätze und einen Naturlehrpfad. Der erste Teil des Weges, der ca. 1,7 km lange Naturlehrpfad bis zum Naturparkzentrum, steigt nur sanft an. Wer anschließend noch auf den Schöffelstein (431 m) gehen möchte, sollte Kondition mitbringen. Der Weg ist zwar meist schattig, aber steil und holprig.

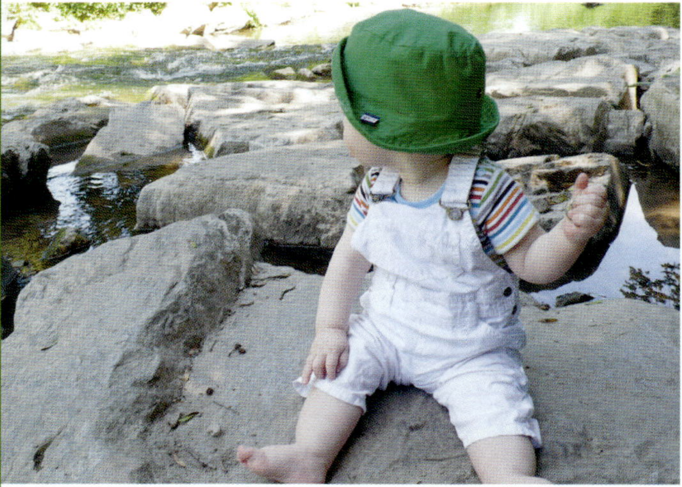

Anforderung: Bis zum Naturparkzentrum: mittel (das letzte Stück schwer, da steil bergauf); auf den Schöffelstein: schwer; ein geländegängiger Kinderwagen und ein Seil zum Sichern des Kinderwagens bergab sind notwendig. Auch eine Bauchtrage ist empfehlenswert (z.B. für die Stufen gleich zu Beginn vom Bahnhof zum Naturpark und für sehr steile Stücke).

Dauer:	RW: rund 6 km (zum Naturparkzentrum und retour: 3,4 km), 200 Höhenmeter, ca. 2 Std.
Bestes Wetter:	Klassisches Wanderwetter; nicht empfehlenswert, wenn es zuvor geregnet hat; bis zum Naturparkzentrum auch an wärmeren Tagen möglich, da die Strecke entlang eines Baches im Schatten verläuft.
Schatten:	100 Prozent
Kinderfahrrad:	Nein
Anfahrt Auto:	Auf der B1 nach Purkersdorf. Kurz vor der Unterführung in Purkersdorf links abbiegen und auf die B44 Richtung Tullnerbach/Pressbaum. Nach wenigen hundert Metern ist der Park&Ride Parkplatz beim Bahnhof Purkersdorf-Gablitz gleich gegenüber der Kellerwiese erreicht. (Navi: 3002 Purkersdorf, Park&Ride Purkersdorf-Gablitz)
Ausgangspunkt/P:	Bahnhof Purkersdorf-Gablitz. Vom Bahnhof zum Park&Ride-Parkplatz, der sich in unmittelbarer Nähe befindet und vom Bahnhof aus sichtbar ist. Vom Parkplatz aus dann einfach die Überführung zur Kellerwiese nehmen.
Anfahrt öffentlich:	Mit der S50 ab Hütteldorf bis Purkersdorf-Gablitz.

WANDERWERT FÜR KINDER

2-3 Jahre: Die Strecke von der Kellerwiese zum Naturparkzentrum ist (mit Kinderwagen zum Ausrasten) sehr empfehlenswert, da es ein netter, abwechslungsreicher Weg ist: zwei große Spielplätze (einer gleich zu Beginn, ein schattiger Naturspielplatz beim Naturparkzentrum); Streichelzoo bei der Kellerwiese, Wildtiergehege.

4-6 Jahre: S.o.; bis zum Naturparkzentrum: Naturlehrpfad

INFOS:

• Allgemeine Infos: Naturparkbüro, Tel. 02231/63601810 *www.naturpark-purkersdorf.at.* • Naturparkgasthof Klugmayer, Deutschwaldstr. 1, Tel. 02231/63498, Ruhetage: Mo bis Do. • Picknicktische bei den Spielplätzen. • Land-Gasthaus Sommer, Deutschwaldstr. 10, Tel. 02231/63387, Ruhetage: Mo, Di.

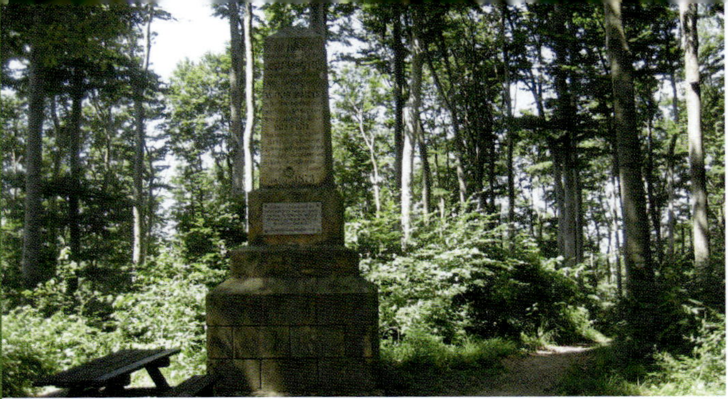

WEGBESCHREIBUNG:

Vom Bahnhof (aus Wien kommend) zunächst durch die Unterführung. Danach gelangt man über die Holzbrücke, bei der allerdings einige Stufen zu überwinden sind, zum Parkplatz. Nach der Brücke rechts bergauf führt eine Überführung zur Kellerwiese. Hier gibt es einen Spielplatz und einen Streichelzoo. Nun immer den Wegweisern Naturlehrpfad, Naturparkzentrum, Wildtiergehege folgen. Der zu Beginn recht holprige Weg verläuft im Schatten entlang des Deutschwaldbaches. Kurz vor den Wildtiergehegen geht es links ziemlich steil bergauf. Um auf den Schöffelstein zu gelangen, zunächst am Spielplatz vorbei und am Wildschweingehege entlang (Wegweiser Schöffeldenkmal). Am Ende des Geheges über eine kleine Brücke und dann links steil bergauf (rot-weiß-rote Markierung). Dem ausgewaschenen, oft holprigen Weg bis zu einer Kreuzung und hier weiter dem Wegweiser nach links auf den Schöffelstein folgen. Der Weg wird schmäler und noch einmal sehr steil. Zurück am selben Weg. Der Pfad, der auf der anderen Seite des Schöffeldenkmals hinunter führt, ist nicht kinderwagentauglich!

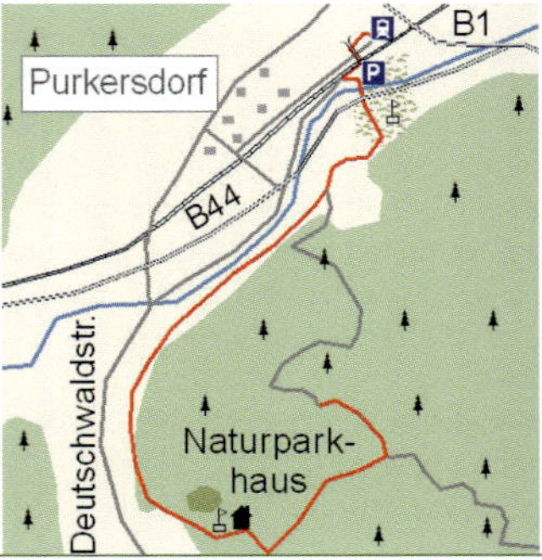

10 Am **Marillenweg** in der **Wachau**

mittel
5 km
1,5 h
☀
🚫🚲
🚆

Der liebevoll gestaltete Marillenerlebnisweg in Angern in der Wachau wurde auf Privatinitiative der Familie Aufreiter im Jahr 2008 errichtet. Er ist landschaftlich wunderschön und führt mitten durch Weingärten und an Marillenbäumen vorbei, am Horizont die Donau oder das Stift Göttweig. Besonders schön ist diese Wanderung im Frühling zur Zeit der Marillenblüte. Zusätzlich befinden sich entlang des Weges fünf Stationen mit Wissenswertem und Geschichten rund um die Marille.

Anforderung: Mittel; Asphalt- und Schotterwege, aber auch quer durch Weingärten. Ein paar Meter nach der 2. Schautafel geht es ziemlich bergauf. Es ist zwar wirklich nur ein sehr kurzes Stück, aber dennoch ist es hier notwendig, dass mindestens zwei Erwachsene dabei sind oder man eine Tragehilfe mit hat. Ein geländegängiger Kinderwagen ist notwendig.

Dauer: RW: ca. 5 km, 120 Höhenmeter, ca. 1,5 Std.

Bestes Wetter: Klassisches Wanderwetter. Im Sommer und bei Nässe nicht empfehlenswert. Am schönsten, wenn die Marillenbäume blühen (je nach Witterung zwischen Mitte März und Mitte April).

Schatten: 0 Prozent

Kinderfahrrad: Nein

Anfahrt Auto: Entweder auf der A1 bis nach St. Pölten. Von dort die S33 Richtung Krems bis zur Ausfahrt Hollenburg. Den Wegweisern nach Angern bis zum Weinhof Aufreiter in der Dorfstraße 34 folgen. Oder: Auf der A22 bis zum Knoten Stockerau und auf der S5 weiter nach Krems. In Krems über die Donaubrücke. Auf der S33 bis zur Ausfahrt Hollenburg und hier den Wegweisern nach Angern folgen. Der Weinhof Aufreiter befindet sich direkt an der Dorfstraße. (Navi: 3506 Krems-Angern, Dorfstraße 34)

Ausgangspunkt/P: Weinhof Aufreiter, Dorfstraße 34 in Angern bei Krems. Gegenüber dem Weinhof gibt es Parkplätze.

Anfahrt öffentlich: In einer vernünftigen Zeit nicht machbar.

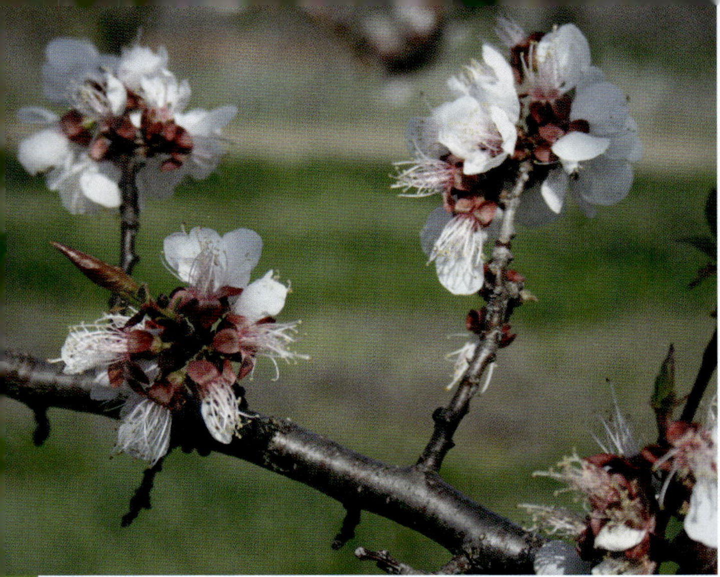

WANDERWERT FÜR KINDER

2-3 Jahre: Nicht empfehlenswert
4-6 Jahre: Der Weg führt an fünf Stationen mit Wissenswertem rund um die Marille vorbei. An einer Station können auch Tierstimmen angehört werden. Man kann häufig Wildtiere, z.B. Rehe beobachten.

INFOS:

• Der Weg startet und endet beim Weinhof Aufreiter. Neben gutem Essen sind hier auch ein Folder mit einem Plan des Marillenweges und hervorragende selbst gemachte Marillenmarmelade erhältlich, Tel. 02739/2205, *www.weinhof.at*.
• Allgemeine Infos zum Weg und einen Plan zum Ausdrucken gibt es unter: *www.marillenweg.at*. • Gleich in der Nähe befindet sich das Stift Göttweig, Tel. 02732/85581-328, *www.stiftgoettweig.or.at*

WEGBESCHREIBUNG:

Die erste Tafel des Marillenerlebnisweg befindet sich direkt gegenüber dem Weinhof Aufreiter. Von hier aus die Dorfstraße entlang bis zum Gebäude der Feuerwehr. Weiter den

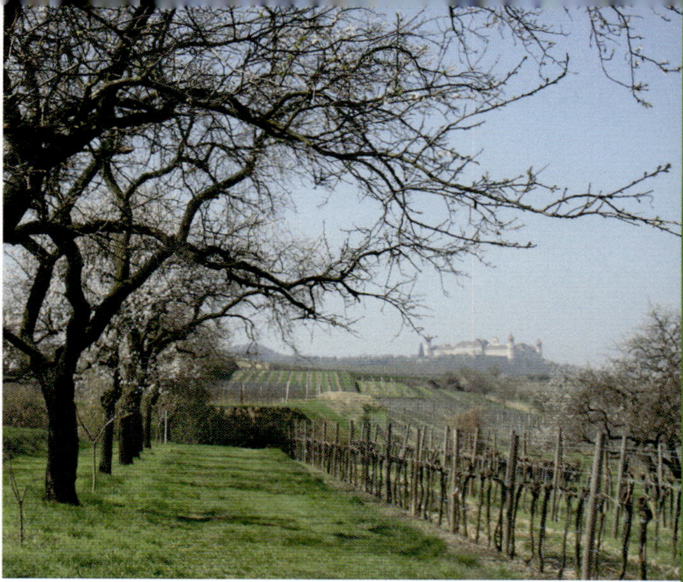

Weg „Am Anger“ (nicht dem Wegweiser zum Schloss folgen!) auf einer Asphaltstraße, die dann in einen Schotterweg übergeht, bergauf. Der ganze Weg ist übrigens recht gut mit orangen „Marillen-Erlebnisweg“-Schildern markiert. Nach Station zwei geht es ein paar Meter ziemlich steil bergauf (Kind eventuell das kleine Stück tragen). Danach auf einer Wiese durch Weingärten bis man rechts auf einen Asphaltweg einbiegen kann. Nun hat man herrliche Sicht auf das Stift Göttweig. Nach einigen Metern rechts auf einen Wiesenweg, der zu einer – überraschend bequemen - Holzhängematte führt. Schließlich die Straße überqueren und beim Kreuz links abbiegen. Nun kommt bald die Tierstimmen-Station. Jetzt längere Zeit geradeaus, dann noch vor der Straße rechts und anschließend links einbiegen. Der Weg führt zurück bis zum Barbaraweg. Diesen bis zum Schloss entlang gehen und von dort auf der sehr steilen Schlossstraße schließlich zurück in den Ort.

Sommerziele

Die beschriebenen Sommerziele sind vor allem schattige Wege für sonnige Tage. Einige Wanderungen verlaufen außerdem entlang eines kühlenden Baches. Vom Schwierigkeitsgrad ist für jeden etwas dabei: vom gemütlichen Spaziergang bis zur anstrengenden Tour.

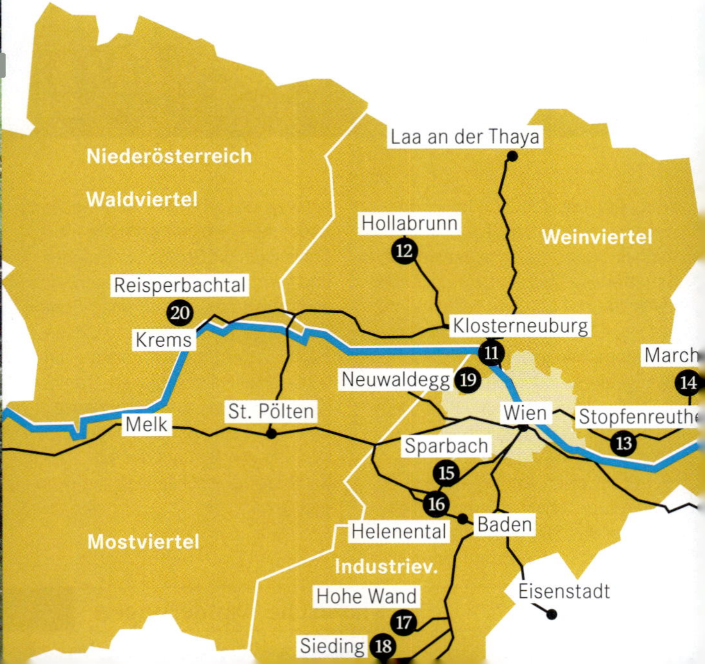

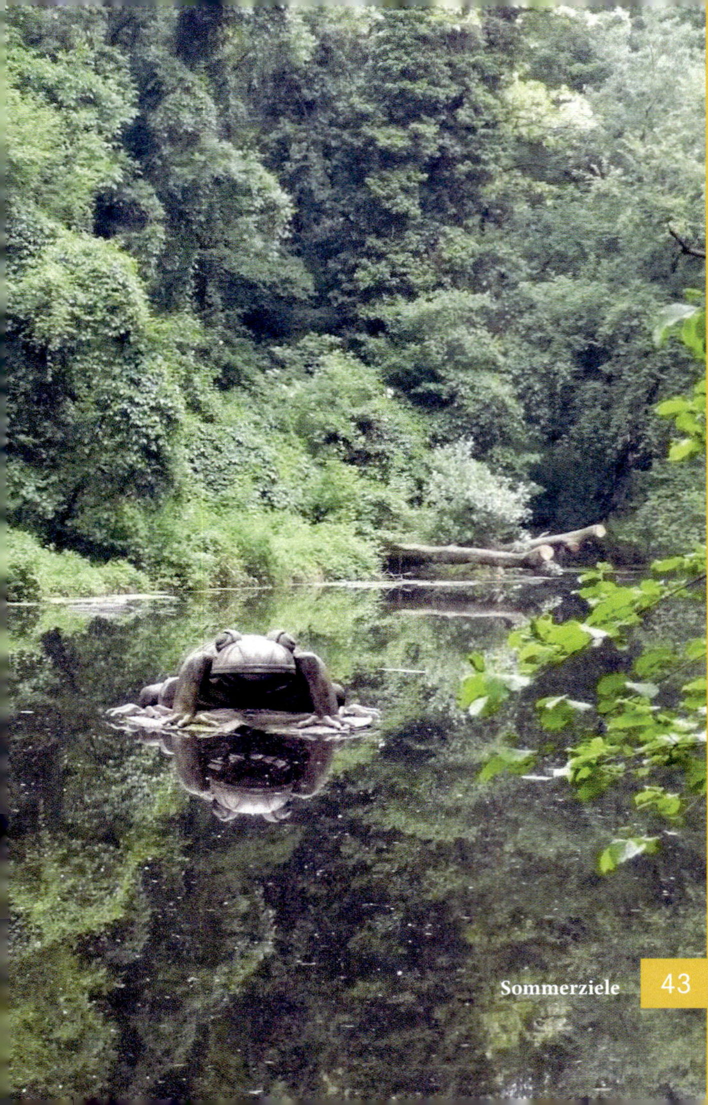

11 Klosterneuburger Au-Erlebnisweg

leicht
1,5 km
25 min

Der Au-Erlebnisweg ist zwar keine lange, dafür aber eine sehr abwechslungsreiche Tour. Denn entlang des Rundweges durch den dichten Auwald sorgen 16 liebevoll gestaltete Stationen für Unterhaltung. So bieten zum Beispiel Liegen einen bequemen Blick in die Baumkronen, ermöglicht eine Weitsprunganlage den direkten Vergleich mit der Sprungkraft der Au-Bewohner und stellt eine wackelige Hängebrücke, die mit dem Kinderwagen umgangen werden kann, den Mut der Wanderer auf die Probe. Im Anschluss an die Wanderung bietet sich ein Schwimmbadbesuch an. Insektenschutznetz für den Kinderwagen nicht vergessen!

Anforderung: Leicht; ebener, schöner Schotterweg; nur stellenweise etwas tieferer Schotter.

Dauer: RW: ca. 1,5 km, kein Höhenunterschied, rund 25 Min. reine Gehzeit. Die Stationen laden aber zu längerem Verweilen ein, sodass locker 1 bis 1,5 Std. am Erlebnisweg verbracht werden können.

Bestes Wetter: Bei jedem Wetter – außer bei Schnee – geeignet; an regnerischen und heißen Tagen durch den Wald gut geschützt.

Schatten: Erlebnisweg: 100 Prozent, vom Bahnhof zum Einstieg: 0 Prozent

Kinderfahrrad: Ja, aber nur für geübte Fahrer, da der grobe Schotter manchmal etwas tiefer wird.

Anfahrt Auto: Von Wien auf der B14 Richtung Klosterneuburg. Nach dem Bahnhof Klosterneuburg-Weidling bei der nächsten Ampel rechts in die Strandbadgasse. An der ehemaligen Sammlung Essl vorbei, über die Brücke und dann links dem Wegweiser „Happyland" folgen. Bald tauchen rechts die Parkplätze auf. (Navi: 3400 Klosterneuburg, In der Au, Parkplatz)

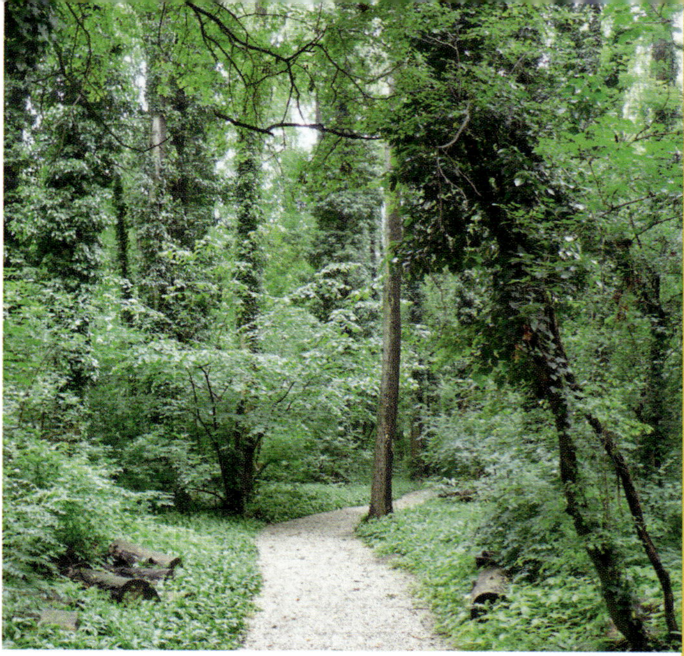

Ausgangspunkt/P: Parkplätze „In der Au". Die Straße überqueren. Neben dem Skatepark beginnt der Weg (Beginn ist mit einer Hinweistafel gekennzeichnet).

Anfahrt öffentlich: (dadurch Wegverlängerung um ca. 2 km, leider ohne Schatten): S40 ab Spittelau bis Klosterneuburg-Weidling. Vom Bahnhof aus rechts die Wiener Straße entlang. Bei der nächsten Ampel rechts über die Gleise und weiter zur ehemaligen Sammlung Essl. Über die Brücke und wenig später nach links abbiegen Richtung „Happyland"-In der Au. Man kommt so zum Skatepark. Gleich daneben beginnt der Weg.

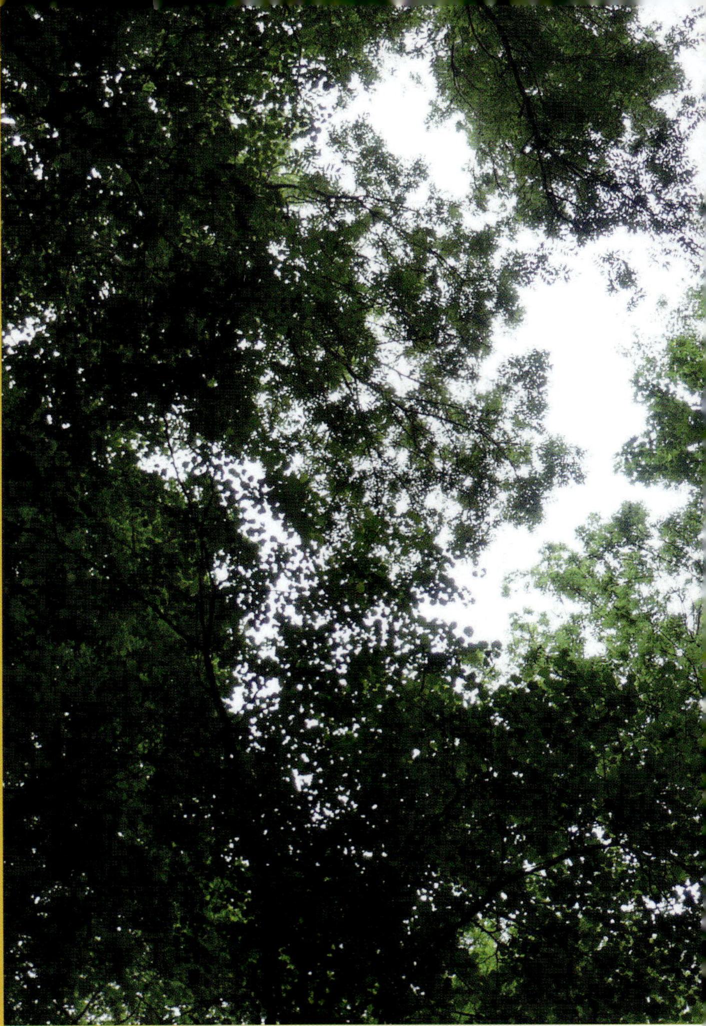

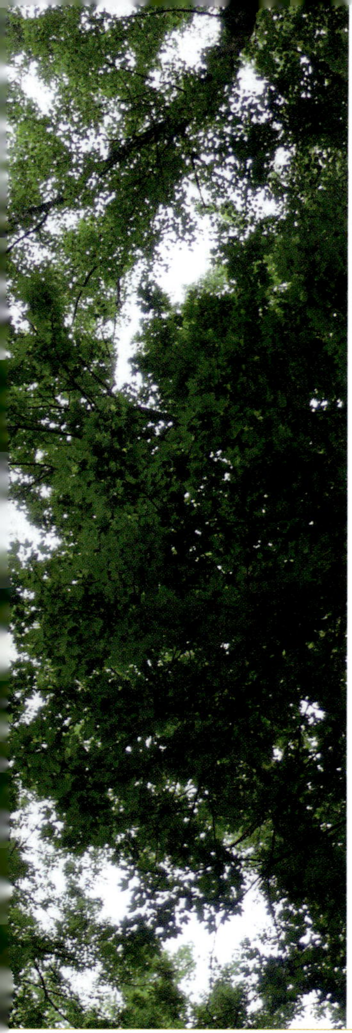

WANDERWERT FÜR KINDER

2-3 Jahre: Sehr empfehlenswert; kurze Distanz und sehr abwechslungsreicher Lehrpfad mit originellen Stationen

4-6 Jahre: S.o.; neben dem Eingang zum Lehrpfad befindet sich ein Skatepark und eine Wiese zum Ballspielen

INFOS/GASTSTÄTTEN:

• Gelsenschutz nicht vergessen!

• Die Tour eignet sich ideal in Kombination mit einem Kultur- oder Badetag, denn in unmittelbarer Nähe befinden sich: • Stift Klosterneuburg, Tel. 02243/411-0, *www.stift-klosterneuburg.at*. • Strandbad Klosterneuburg, sowohl Becken, als auch Schwimmen im Donaualtarm möglich, Bootsverleih, Wasserrutsche, Tel. 02243/444276;

WEGBESCHREIBUNG:

Den Weg neben dem Skatepark zum Wald nehmen, wo Laubfrosch „Poldi“ die Besucher des Au-Erlebnisweges begrüßt. Ab hier immer an den Stationen vorbei den sehr gut beschilderten Rundweg entlang.

12 Zur **Koliskowarte** im **Hollabrunner Kirchenwald**

mittel
4 km
1 h 15 min

Der Kirchenwald bei Hollabrunn gehört zum größten zusammenhängenden Eichenwaldgebiet Österreichs. Mitten in diesem Wald steht auf dem 332 Meter hohen Geißberg die Koliskowarte. Die Warte ist jederzeit zugänglich und bietet eine schöne Aussicht über das Gebiet. Der Wald ist allerdings sehr dicht, sodass die Warte erst kurz vor Erreichen sichtbar wird. Der Weg selbst ist fast eben und durchgehend schattig. Außerdem können alle, die nach der Wanderung zur Warte noch nicht ausgelastet sind, den Fitnessparcours mit seinen 20 Stationen anhängen.

Anforderung: Mittel; breiter, wenig holpriger Waldweg, der zur Warte leicht bergauf geht.

Dauer: RW: 4 km, ca. 50 Höhenmeter, rund 1 Std. 15 Min.

Bestes Wetter: Eine Wanderung für schöne Tage. Auch bei sommerlichen Temperaturen spendet der Wald Schatten. Nach starkem Regen sollte gewartet werden, bis der Boden trocken ist.

Schatten: 100 Prozent

Kinderfahrrad: Nein

Anfahrt Auto: Auf der A22 bis zum Knoten Stockerau. Von dort weiter auf der B303 (Weinviertler Bundesstr.) nach Hollabrunn. In Hollabrunn Süd abfahren, kurz die Sonnbergerstr. entlang und gleich links in die Wiener Str. einbiegen. Nach einiger Zeit rechts in die Aignergasse, die in die Lutzgasse übergeht. Weiter rechts in die Wabergasse und anschließend nochmals rechts in den Waldweg. Nach einem kleinen Stück gelangt man halbrechts schließlich in den Hubertusweg (Hinweisschild: zum Sportplatz). (Navi: 2020 Hollabrunn, Hubertusweg)

Ausgangspunkt/P: Eingang zum „Erlebnispfad Kirchenwald" am Hubertusweg beim Waldsportplatz. Parkplätze gleich beim Eingang sind vorhanden.

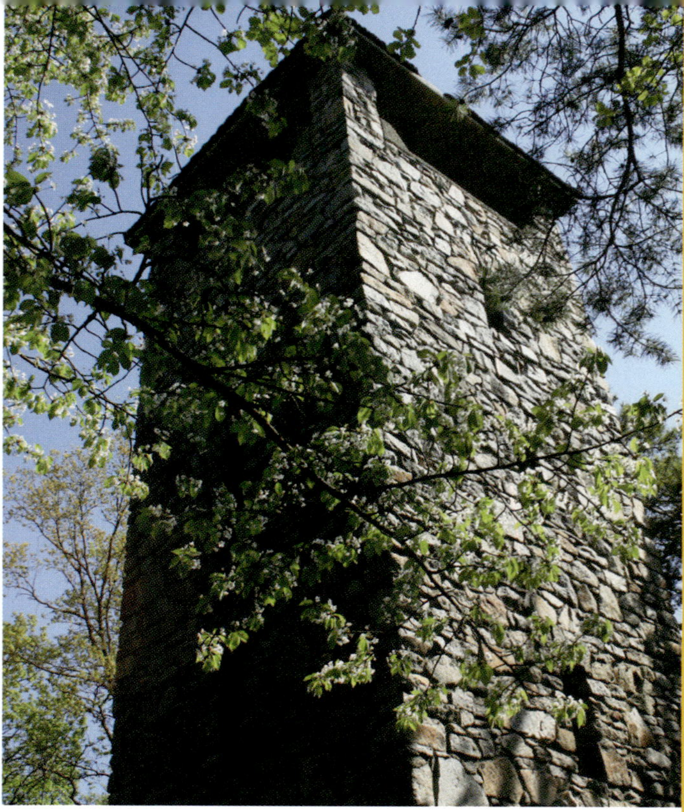

Anfahrt öffentlich: Von Wien Floridsdorf mit dem Regionalzug oder der S3 nach Hollabrunn. Vom Bahnhof zum Ausgangspunkt muss man allerdings quer (pro Strecke 1,7 km) durch Hollabrunn gehen: Die Bahnstr. entlang, über den Hauptplatz zur Kirche und die Missongasse am Koliskopark entlang. Den Waldweg bergauf bis man schließlich rechts in die Hubertusgasse einbiegen kann.

WANDERWERT FÜR KINDER

2-3 Jahre: Vor allem der Fitness-Parcours ist gut geeignet, da die 20 Stationen, z.B. Ringe oder Gleichgewichtsübungen, nahe beisammen sind. Der Weg ist ca. 2,5 km lang und sehr gut beschildert. Einfach den grünen Pfeilen und Schildern folgen. Die Wanderung startet ebenfalls gleich beim Eingang zum Kirchenwald am Hubertusweg.
4-6 Jahre: S.o.

INFOS/GASTSTÄTTEN:

- Gasthäuser und Cafés gibt es im Hollabrunner Zentrum.
- Allgemeine Auskünfte zu Wanderungen in und rund um Hollabrunn bei der Stadtgemeinde, Tel. 02952/2102. • Auf dem Weg zurück nach Wien ist es möglich, einen kleinen Umweg über Ernstbrunn zu fahren und dort den Tierpark zu besuchen. Tel. 02576/2785, *www.wildpark-ernstbrunn.at*, geöffnet: Palmsonntag bis Allerheiligen täglich außer Montag, im Winter nur an So und Feiertagen;

WEGBESCHREIBUNG:

Vom Parkplatz aus zum Eingang „Erlebnispfad Kirchenwald“. Knapp davor befindet sich ein - schon sehr schlecht lesbarer - Wegweiser zur Koliskowarte. Diesem folgen. Nun immer geradeaus und leicht bergauf. Schließlich gelangt man zu Station 16 des Fitnessparcours. Hier bei der 1. Weggabelung den linken Weg wählen und danach immer geradeaus weiter. Es werden öfters Weggabelungen erreicht. Die Wege führen aber nach kurzer Zeit wieder zusammen. Schließlich gelangt man zu einer Lichtung. Hier gleich den ersten Weg rechts wieder in den Wald hinein. Man kommt immer wieder an Stationen des Waldlehrpfades vorbei, der mit einem Eichhörnchen beschildert ist und zur Koliskowarte führt. An jener Station, an der mit Stempeln Tierspuren in den Sand gedrückt werden können, links vorbei. Plötzlich taucht dann die Warte mitten im Wald auf. Gleicher Hin- wie Rückweg.

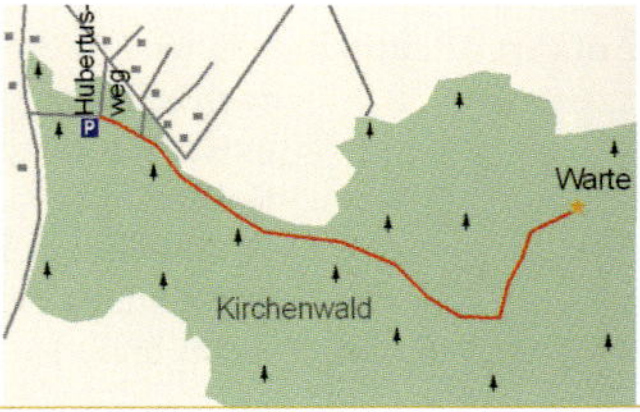

13 Die **Stopfenreuther** Donaurunde

leicht
5 km
1,5h

Bekannt wurde die Stopfenreuther Au 1984, als Umweltschützer die Au besetzten, um gegen den Bau eines Donaukraftwerkes zu demonstrieren. Heute gehört das Gebiet zum Nationalpark Donau-Auen. Die Stopfenreuther Au ist sehr abwechslungsreich: Der Weg führt durch Wälder und über Wiesen, man kommt an ruhigen Altarmen vorbei und kann große Schiffe vom Uferweg aus beobachten. Für eine ausgedehnte Pause bietet sich die Au-Terrasse an. Die Wiese daneben lädt zum Picknicken ein und es ist sogar erlaubt, ein Lagerfeuer zu machen. Da es in der Au viele Mücken gibt, unbedingt ein Mückenschutznetz für den Kinderwagen mitnehmen!

Anforderung: Leicht mit geländegängigem Kinderwagen; der Weg ist eben, allerdings ein paar Minuten ein längeres Stück holpriger Wiesenweg.

Dauer: RW: ca. 5 km, kein Höhenunterschied, rund 1,5 Std.

Bestes Wetter: Schönes Wanderwetter; auch im Sommer eine nette Wanderung, da es immer wieder Stellen zum Abkühlen in der Donau gibt. Der letzte Teil verläuft allerdings in der Sonne, daher nicht in der Mittagshitze gehen! Nicht geeignet bei Nässe oder nach längeren Regenperioden.

Schatten: 75 Prozent

Kinderfahrrad: Bis zur Au-Terrasse etwas mehr als 1 km asphaltierter Weg, danach Fahrrad-Fahrverbot.

Anfahrt Auto: Auf der A4 Richtung Bratislava bis Fischamend. In Fischamend abfahren und auf der B9 Richtung Hainburg bis Bad Deutsch-Altenburg. Dem Wegweiser Donaubrücke folgen und über die Brücke. Kurz danach nach Stopfenreuth links abbiegen und den Schildern zum Parkplatz Nationalpark Donau-Auen folgen. (Navi: 2292 Engelhartstetten (Stopfenreuth), Uferstraße, Nationalpark Donau-Auen)

Ausgangspunkt/P: Große Schotterfläche (nicht auf den ersten Blick als Parkplatz erkennbar ist, in der Nähe des Gasthaus Forsthaus.)

Anfahrt öffentlich: Nicht möglich

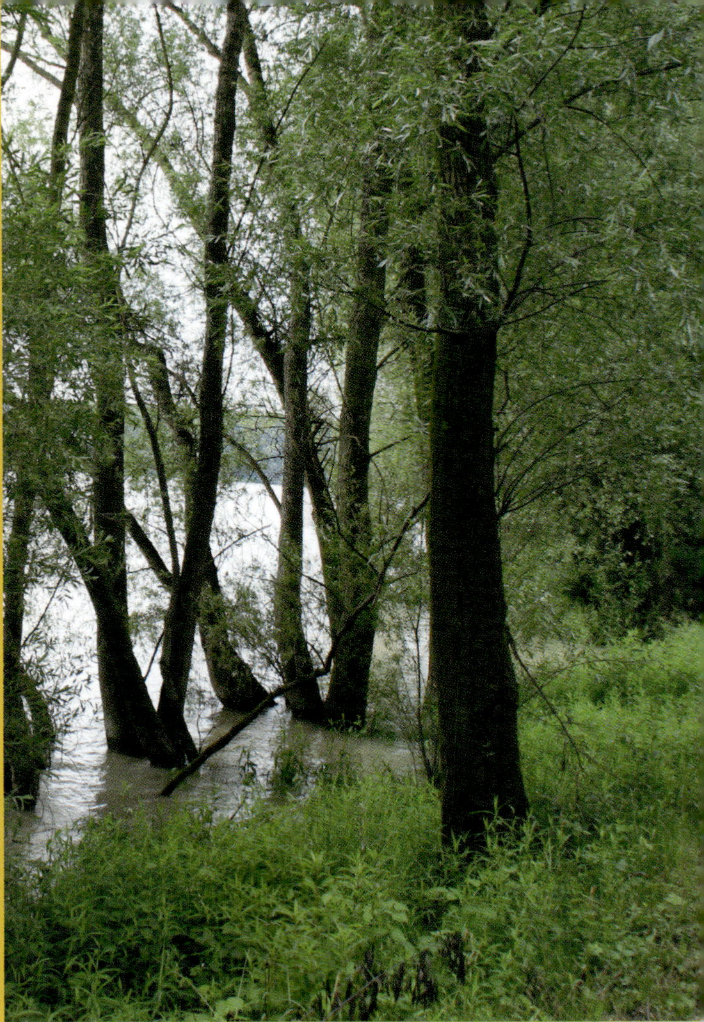

WANDERWERT FÜR KINDER

2-3 Jahre: Spielplatz beim Gasthaus Forsthaus, Schiffe schauen an der Donau, Spielwiese bei der Au-Terrasse, der Weg vom Parkplatz zur Au-Terrasse eignet sich auch fürs Laufrad (Achtung Verkehr! Hier fahren ab und zu auch Autos). Für die ganze Strecke Kinderwagen mitnehmen.

4-6 Jahre: s.o.

INFOS/GASTSTÄTTEN:

• Gelsenschutz nicht vergessen! • Allgemeine Infos zum Nationalpark Donau-Auen: Tel. 02212/3450, *www.donauauen.at*; • Au-Terrasse, zweistöckige Aussichtsplattform mit Kiosk und Zeltplatz, geöffnet von 1.5. bis 30.9. bei Schönwetter; • Einen Besuch ist auch das Nationalpark-Zentrum Schloss Orth mit Lokal, Ausstellungen und der Schlossinsel wert. Tel. 02212/3555, 2. November bis 20. März Wintersperre. • In der Nähe befindet sich der Archäologische Park Carnuntum: Tel. 02163/33770, *www.carnuntum.co.at*, geöffnet: Mitte März bis Mitte November; • Sehenswert ist auch Schloss Hof mit vielen Tieren und Spielplatz, geöffnet von Mitte April bis Ende Oktober, *www.schlosshof.at*.

WEGBESCHREIBUNG:

Vom Parkplatz aus zurück zum Gasthaus Forsthaus. Hier über die Brücke mit den Infotafeln mit Wissenswertem über die Stopfenreuther Au. Weiter geradeaus den gelben Markierungen Richtung Donau folgend die Asphaltstraße entlang bis zur Au-Terrasse. Nach der Terrasse bis zum Ende der Straße gehen und rechts in den Wiesenweg (gelbe Markierung Richtung Stopfenreuth) einbiegen. Nun verläuft der Weg am Ufer der Donau. Bei der Kreuzung rechts einbiegen. Schließlich gelangt man am Ende einer großen Wiese zu einer Treppe, die auf den Damm führt. Diese kann aber umgangen werden, indem man einfach dem Weg noch ein Stück folgt und so etwas weiter hinten auf den Damm gelangt. Am Damm angekommen nach rechts zurück bis zum Ausgangspunkt.

14 Der **Unkenweg** in den **Marchauen**

leicht
4 km
1 h

Marchegg ist vor allem für die Störche bekannt, die jedes Jahr im WWF-Naturreservat nisten. Auf einer Plattform ist es möglich, die rund 50 Storchenpaare zwischen März und August zu beobachten. Den Rest des Jahres verbringen die Störche in Südafrika. Im Sommer unbedingt die beschriebene Variante und nicht den Rundweg nehmen, da die Sonne erbarmungslos auf den Damm scheint. Außerdem wichtig: ein Mückennetz für den Kinderwagen.

Anforderung: Leicht; schöner, breiter Waldweg.

Dauer: Sommer-Variante: 3 km, 45 Min.; RW: 4 km, 1 Std; beide Varianten ohne Höhenunterschied.

Bestes Wetter: Sommer: Hin- und Retourvariante wählen, da sie durchgehend im Schatten verläuft; bei bewölktem, regnerischen oder kühlerem Wetter ist der Rundweg durchaus empfehlenswert.

Schatten: Sommer-Variante: 100 Prozent; RW: 50 Prozent.

Kinderfahrrad: Ja, für Fortgeschrittene.

Anfahrt Auto: Auf der A4 bis Bruck an der Leitha/Ost. Abfahren Richtung Petronell-Carnuntum und weiter nach Hainburg. Hier über die Donaubrücke und immer geradeaus nach Marchegg. Durch Marchegg weiter nach Marchegg Stadt. Die Hauptstraße entlang bis zum Schloss. Gleich dahinter dem Wegweiser nach rechts zum WWF Naturreservat folgen. Parkplätze sind vorhanden. (Navi: 2293 Marchegg, Am Meierhof)

Anfahrt öffentlich: Es fahren zwar Direktzüge von Wien nach Marchegg, allerdings ist danach ein Bus notwendig, um nach Marchegg Stadt zu gelangen. Um lange Wartezeiten zu vermeiden, die Anreise unbedingt genau planen.

Ausgangspunkt/P: P hinter dem Schloss Marchegg beim Eingang zum Naturreservat.

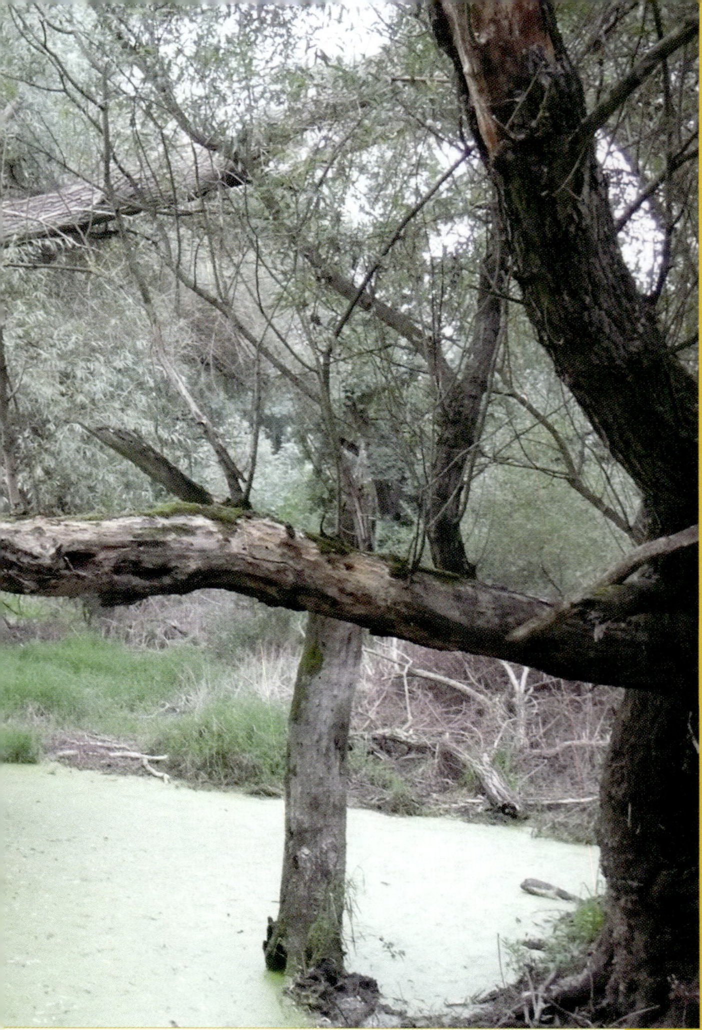

WANDERWERT FÜR KINDER

2-3 Jahre: Die ganze Runde nur mit Kinderwagen. Eventuell den 2,5 km langen Storchenweg gehen, dessen Rückweg allerdings ebenfalls am Damm verläuft. Also nicht an heißen Tagen gehen oder beim Damm umdrehen und am gleichen Weg retour. Unterwegs können immer wieder Tiere beobachtet werden: neben den Störchen, z.B. auch Frösche.

4-6 Jahre: S.o.

INFOS/GASTSTÄTTEN:

• Gelsenschutz nicht vergessen!
• Es gibt einen Imbiss im Hof des Schlosses und einige Cafés und Gasthäuser in Marchegg. *www.marchegg.at*; • Der beschriebene Weg befindet sich im WWF Naturreservat Marchauen. Mehr Infos dazu: *www.wwf.at/march*; • In der Nähe liegt der Archäologische Park Carnuntum, Tel. 02163/3377-0, *www.carnuntum.co.at*, geöffnet: Mitte März bis Mitte November; • Sehenswert ist Schloss Hof mit vielen Tieren und nettem Spielplatz, *www.schlosshof.at*, geöffnet von Mitte April bis Ende Oktober.

WEGBESCHREIBUNG:

Zunächst vom Parkplatz aus über die Brücke. Nun beginnen die gut beschilderten Wege. Zuerst allerdings unbedingt einen Abstecher nach rechts zu den Storchennestern machen. Danach zurück zu den Wegweisern und immer dem „Unkenweg“ folgen. Schließlich führt nach einer langen Geraden links ein schmaler Weg zu einer Beobachtungsplattform auf einem Teich. An heißen Sommertagen unbedingt hier umdrehen und am selben Weg durch die Au wieder zurück zum Ausgangspunkt.
An kühleren Tagen geradeaus weiter, unter dem Schranken durch und auf den schattenlosen Damm hinauf. Oben angekommen links abbiegen und auf dem Weg am Hochwasserschutz zurück zum Ausgangspunkt.

15 Bei wilden Schweinen und alten Steinen in **Sparbach**

schwer
6 km
2 h

Sparbach, in der Nähe von Hinterbrühl im Wienerwald gelegen, ist der älteste Naturpark Österreichs. Er punktet mit vielen Wildtieren – vor allem frei laufende Wildschweine können plötzlich auf dem Wanderweg auftauchen – und romantischen Ruinen. Kinder kommen gleich zu Beginn der Tour voll auf ihre Kosten: Streichelzoo, Tiergehege und ein schöner Spielplatz direkt am Bach. Der Weg selbst verläuft weitgehend im Wald. Hunde und Fahrräder sind im Naturpark verboten. Es muss Eintritt bezahlt werden. Das umfangreiche Angebot und die schattigen Wege machen ihn dennoch auch im Sommer zu einem lohnenden Ziel.

Anforderung: Mittel bis schwer. Bis zum Spielplatz ist es ein breiter, geschotterter Waldweg. Danach wird es aber steil und stellenweise sehr holprig. Geländegängiger Kinderwagen notwendig.

Dauer: Bis zur Ruine Johannstein: 1,8 km, 70 Höhenmeter, ca. 40 Minuten. Die gesamte Runde bis zur Dianawiese und zurück zum Besucherzentrum: ca. 6 km, 110 Höhenmeter, rund 2 Std.

Bestes Wetter: Der Naturpark hat von April bis November geöffnet. Die schattige Wanderung ist außer bei Nässe bei jedem Wetter lohnend.

Schatten: 100 Prozent

Kinderfahrrad: Nein

Anfahrt Auto: A21 bis Abfahrt Hinterbrühl, dort den Wegweisern Richtung Sittendorf/Sparbach folgen. (Navi: 2393 Hinterbrühl, Sparbach 1)

Ausgangspunkt/P: Besucherzentrum des Naturparks in Sparbach. Hier stehen auch ausreichend Parkplätze zur Verfügung.

Anfahrt öffentlich: Mit der S9 von Wien nach Mödling. Dort mit dem Bus Richtung Gruberau im Wienerwald bis nach Sparbach.

WANDERWERT FÜR KINDER

2-3 Jahre: Vor allem die Strecke bis zur Ruine Johannstein eignet sich sehr gut, da sie abwechslungsreich und nicht zu lange ist (das letzte Stück zur Ruine geht es allerdings bergauf, daher unbedingt Kinderwagen mitnehmen). Am Weg laden ein Tiergehege, ein Streichelzoo, ein Teich und ein großer Spielplatz direkt am Bach zum Stehenbleiben, Schauen und Plantschen ein.

4-6 Jahre: S.o.;

INFOS/GASTSTÄTTEN:

• Verpflegung und Folder mit dem Plan des Parks beim Besucherzentrum erhältlich. • Schöner Picknickplatz bei der Dianawiese (siehe unter Wegbeschreibung).
• Der Naturpark ist von April bis November geöffnet und es ist Eintritt (aktuelle Preise siehe Homepage) zu bezahlen. Tel: 02237/7625, *www.naturpark-sparbach.at*; Fahrräder und Hunde sind verboten.

WEGBESCHREIBUNG:

Vom Eingang geradeaus zu Tiergehegen und Streichelzoo (der gesamte Weg ist recht gut beschildert). Spaziert man auf dem breiten, geschotterten Waldweg ein Stück weiter, werden nach wenigen Minuten der Teich und kurz danach der Spielplatz erreicht. Um zur Ruine Johannstein zu gelangen, am Spielplatz vorbei wandern und an der Kreuzung rechts abbiegen. Nun geht es bergauf bis zur Ruine. Jetzt entweder umdrehen oder weiter zur Dianawiese gehen. Der Weg ab der Ruine ist auch an Tagen, an denen der Naturpark sehr gut besucht ist, angenehm ruhig. Dazu dem Wegweiser und dem stetig, aber sanft ansteigenden Weg folgen. Nach etwa einem Kilometer kommt eine Weggabelung: links abbiegen. Schließlich links an einem Hochstand vorbei weiter hinauf und rechts zur Dianawiese, die sich hervorragend zum Picknicken eignet.
Zurück ein Stück denselben Weg nehmen. Dann links hinunter dem Wegweiser zum Besucherzentrum folgen. Ab sofort geht es immer bergab zurück zum Ausgangspunkt.

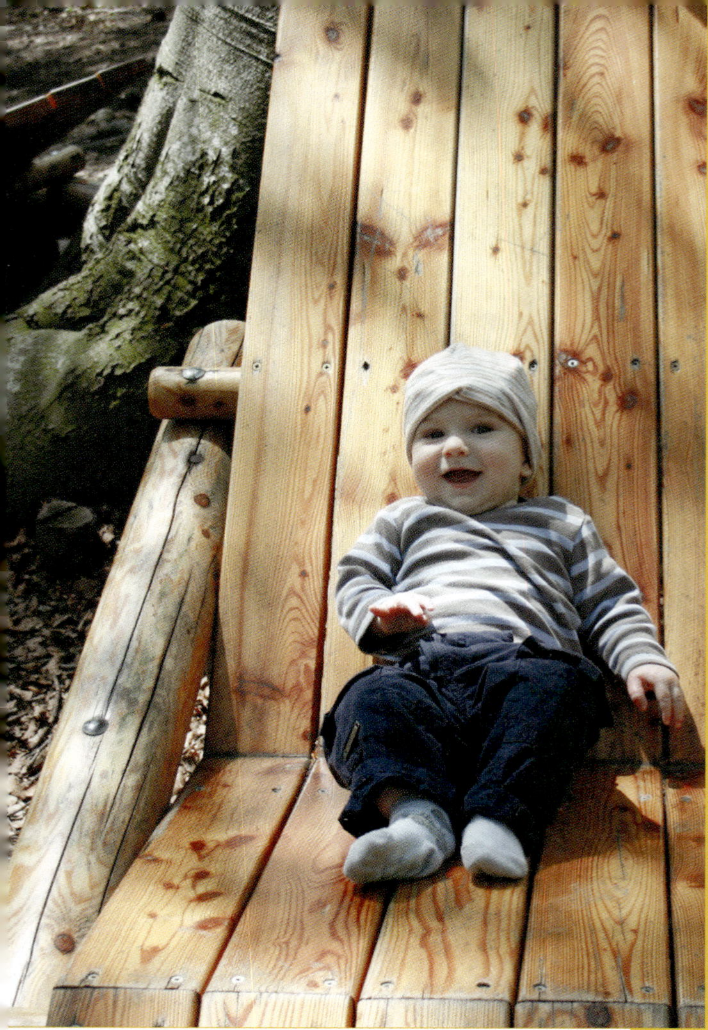

16 Entlang der Schwechat im **Helenental**

mittel
6,5 km
1 h 45 min

Schon Ludwig van Beethoven verbrachte viel Zeit im romantischen Helenental. Und nach wie vor ist es ein beliebtes Ziel für Ruhe- und Erholungssuchende. Die Wanderung beginnt in Baden und führt auf einem idyllischen, schattigen Weg, dem „Wegerl im Helenental", teilweise entlang der Schwechat bis zur Cholerakapelle. Unterwegs ragen zahlreiche, eindrucksvolle Felswände empor und immer wieder laden malerische Badeplätze zum Rasten und Abkühlen ein. Handtuch also nicht vergessen!

Anforderung: Mittel; schöner, breiter Waldweg, der allerdings zunehmend schmäler und zur Cholerakapelle hin holpriger wird.

Dauer: RW: 6,5 km, 40 Höhenmeter, 1 Std. 45 Min.

Bestes Wetter: Jedes Wanderwetter; im Sommer angenehm, da der Weg lange Strecken entlang der Schwechat durch Wald führt.

Schatten: 100 Prozent

Kinderfahrrad: Nur für Geübte, da es ein Waldweg ist.

Anfahrt Auto: A2 bis zur Abfahrt Baden. Gleich links abbiegen und immer dem sehr gut beschilderten Weg ins Helenental folgen. Schließlich die Helenenstraße entlang bis zum Hotel Sacher und dem Erholungsgebiet Holzrechenplatz. (Navi: 2500 Baden, Helenenstraße 55)

Ausgangspunkt/P: Es gibt Parkplätze beim Erholungsgebiet Holzrechenplatz. Die Bushaltestelle befindet sich ebenfalls hier. Am Ende des Parkplatzes bei den Tennisplätzen über die Brücke. Hier startet das „Wegerl im Helenental".

Anfahrt öffentlich: Mit dem Zug oder der S-Bahn nach Baden. Weiter mit dem Regionalbus 362 Richtung Baden Rauhenstein bis nach Baden Rauhenstein. Der Bus hält direkt beim Erholungsgebiet Holzrechenplatz.

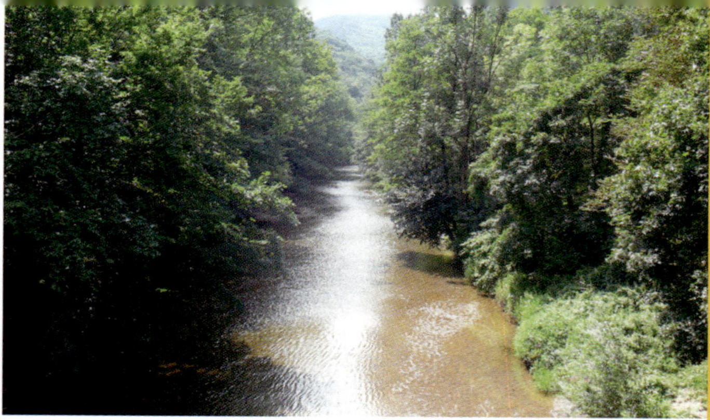

WANDERWERT FÜR KINDER

2-3 Jahre: Der ganze Weg ist sicher zu lange. Es ist daher empfehlenswert, ein bisschen zu wandern und dann einen der ersten Bade- und Pritschelplätze als Ziel zu wählen.
4-6 Jahre: Nur für gute Geher, ansonsten s.o.; Spielplatz für größere Kinder beim Ausgangspunkt.

INFOS/GASTSTÄTTEN:

• Landgasthof Cholerakapelle, Tel. 0664/5119559, *www.satran.at/cholerakapelle*; • Empfehlenswert und gleich in der Nähe ist das Strandbad Baden. Neben einem schönen Kinderbecken verfügt das Bad sogar über einen Sandstrand als Liege„wiese". Tel. 02252/86800800.

WEGBESCHREIBUNG:

Am Ende des Parkplatzes bei den Tennisplätzen links über die Brücke. Nach der Brücke am „Wegerl im Helenental" nach rechts Richtung Gasthaus Hauswiese. Nun dem schattigen Weg entlang, der zunehmend schmäler wird. Immer wieder kommt man an einladenden Badeplätzen vorbei. Der Weg biegt dann nach links ab. Diese Abzweigung ignorieren und am breiten Weg weiter. Schließlich wird eine Forststraße überquert und die Antonsgrotte erreicht. Ein Stück weiter ist die Brücke zum Gasthaus Cholerakapelle und zur Cholerakapelle (wer sie besichtigen will, muss dazu die Straße überqueren). Auf dem gleichen Weg wieder zurück.

17 Erlebniswanderung auf der **Hohen Wand**

mittel
3 km
1 h

Schon von Weitem ist die Hohe Wand mit ihren eindrucksvollen, senkrechten Felswänden sichtbar. Kein Wunder, denn die Hohe Wand ist über 1000 Meter hoch und damit ein Paradies für Kletterer und Paragleiter. Doch auch für Familien stellt das rund acht Kilometer lange Hochplateau ein lohnendes Ziel dar, vor allem, da es im Sommer immer deutlich kühler ist als in der Stadt. Außerdem wartet auf die Kleinsten ein umfangreiches Angebot: viele Tiergehege inklusive Streichelzoo, ein Spiel- und Spaßberg und eben der Erlebniswanderweg - eine sehr abwechslungsreiche Runde, entlang der immer wieder Überraschungen, wie etwa eine Rutsche oder eine Hexe, versteckt sind.

Anforderung: Mittel; ein Stück, das man umgehen kann schwer, da ziemlich holprig; geländegängiger Kinderwagen notwendig.
Dauer: RW: ca. 3 km, 70 Hm, 1 Std.
Bestes Wetter: Schönes Wanderwetter; im Sommer eine Option, da es auf der Hohen Wand immer deutlich kühler ist als in der Stadt und der Weg überwiegend im Schatten verläuft.
Schatten: 75 Prozent
Kinderfahrrad: Nein
Anfahrt Auto: A2 bis Wiener Neustadt West. Links Richtung Weikersdorf abbiegen und dort dann weiter nach Winzendorf. Über Gaaden und Stollhof zur Hohen Wand. Hier die Mautstraße entlang bis aufs Plateau. Links abbiegen Richtung Kleine Kanzel/Bromberg. Der Kleinen-Kanzel-Straße einige Zeit folgen bis zum – nicht zu übersehenden – Parkplatz bei den Tiergehegen und dem „Spiel- und Spaßberg“. (Navi: 2724 Hohe Wand)
Ausgangspunkt/P: Großer Parkplatz (bei den Wildgehegen und dem Spiel- und Spaßberg) gegenüber dem Alpin- und Heimatmuseum. Der Start des Weges befindet sich beim Naturpark-Häuschen.
Anfahrt öffentlich: Öffentlich nicht erreichbar.

WANDERWERT FÜR KINDER

2-3 Jahre: Sehr gut geeignet. Es macht Spaß, die bunten Steine zu suchen und es sind immer wieder Attraktionen im Wald versteckt. Außerdem: Tiergehege, Streichelzoo und Spielplätze; auf alle Fälle Kinderwagen mitnehmen.
4-6 Jahre: S.o.

INFOS/GASTSTÄTTEN:

• Naturpark Hohe Wand, an Wochenenden und Feiertagen mautpflichtig, Wanderkarten sind in den Gasthäusern oder in der Mautstelle erhältlich, Tel: 02638/88545, *www.naturpark-hohewand.at*; • Naturparkstüberl, gleich gegenüber dem Parkplatz bei einigen Tiergehegen und dem großen Spielplatz, Mo Ruhetag; • An heißen Tagen bietet sich auf dem Heimweg noch ein Bad in der mit konstanten 19 Grad recht frischen Kristalltherme Bad Fischau an, Tel: 02639/2222, *www.fischauer-thermalbad.at.*

WEGBESCHREIBUNG:

Durch das Tor und prinzipiell immer den bunten Steinen auf dem breiten Schotterweg folgen. Bald führt der Weg links in den Wald hinein. Hier aber nicht abbiegen, sondern dem breiten Weg folgen. Überhaupt können alle schwierigeren Stücke umgangen werden, indem man einfach auf dem breiten Weg bleibt. Etwas später nochmals links abbiegen und ein kurzes Stück auf einem Wald- und Wiesenweg zum Knusperhäuschen. Danach weiter Richtung Parkplatz und schließlich rechts einbiegen. Nun kommt das schwierige Stück: Bis zur Hängematte führt ein Wiesenweg und dann geht es recht holprig weiter bis man wieder auf den Schotterweg gelangt. Schließlich bergab Richtung Parkplatz/Gehege vorbei an Wildtiergehegen mit schönen Aussichtsplattformen. Unten angekommen nach links fast eben zurück zum Parkplatz.

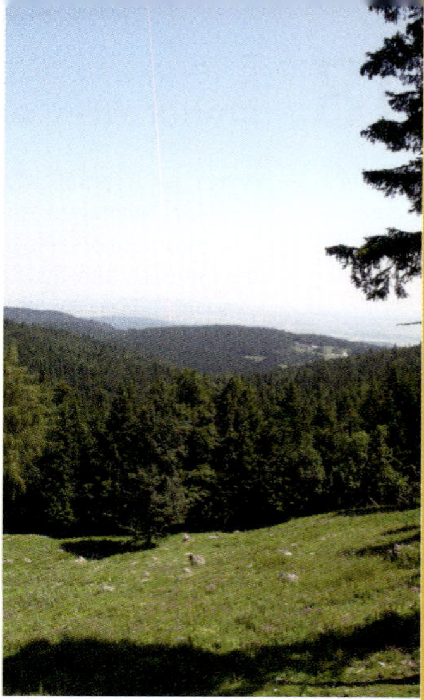

18 Im Schatten entlang der **Sierning**

leicht
4 km
1 h

Wenn die Sommerhitze in der Stadt steht, kann eine Wanderung im Sierningtal eine erfrischende und abwechslungsreiche Alternative sein. Denn der ebene, geschotterte Waldweg verläuft Großteils im Schatten entlang der Sierning am Fuße des Gösing. Außerdem ist der Naturpark Sierningtal auch im Sommer selten überlaufen, da das Ziel der meisten Wanderer in dieser Gegend der Schneeberg ist. Weitere Pluspunkte: Kinderspielplatz, Tiergehege, Fischteich, eine Wiese zum Ballspielen und zahlreiche Picknicktische, die dazu einladen, hier einen gemütlichen Tag zu verbringen.

Anforderung: Leicht; ebener Schotterweg.
Dauer: RW: ca. 4 km, praktisch kein Höhenunterschied, 1 Std.
Bestes Wetter: Schönwetter
Schatten: 100 Prozent
Kinderfahrrad: Geeignet für Kinder, die bereits gerne auf Schotterwegen unterwegs sind.
Anfahrt Auto: A2 bis Knoten Seebenstein, hier auf die S6 Richtung Semmering bis zur Abfahrt Neunkirchen, weiter nach Ternitz. Bei der ersten Ampel im Ort nach rechts und auf der B26 Richtung Puchberg/Schneeberg den grünen „Naturpark Sierningtal-Flatzer Wand“-Schildern folgen. Es gibt mehrere Eingänge zum Naturpark. Diese Wanderung beginnt beim Eingang Sierningtal. Dazu bis nach Sieding fahren. Kurz nach der Ortseinfahrt befindet sich auf der linken Seite der Naturpark-Parkplatz. (Navi: 2631 Ternitz (Sieding) Siedinger Straße 9)
Anfahrt öffentlich: In einer vernünftigen Zeit nicht möglich.
Ausgangspunkt/P: Naturpark-Parkplatz gleich neben dem Gasthof Strebing. Einige Parkplätze auch bei der Kirche.

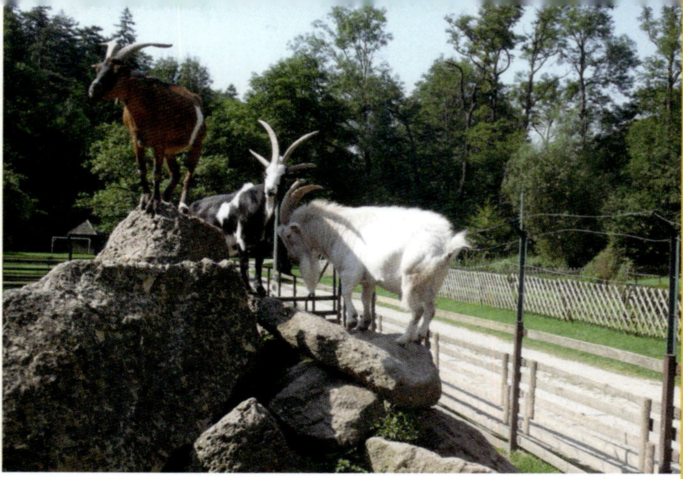

WANDERWERT FÜR KINDER

2-3 Jahre: Sehr gut geeignet. Netter Spielplatz mit Sandkiste, Schaukeln und Kletterturm, Fischteich und Tiergehege. Plantschen im Bach ist hingegen nur an einigen wenigen Stellen möglich, da das Ufer meist steil und die Fließgeschwindigkeit überraschend hoch ist. Kinderwagen oder Buggy mitnehmen.

4-6 Jahre: S.o.

INFOS/GASTSTÄTTEN:

- Es gibt unterwegs kein Gasthaus, dafür stehen aber gleich in der Nähe des Spielplatzes viele Picknicktische. Jause mitnehmen!

WEGBESCHREIBUNG:

Vom Parkplatz aus die Straße überqueren und ein Stück weiter in den Ort hinein gehen. Das große grüne „Naturpark“-Schild ist fast nicht zu übersehen. Rechts zur Kirche abbiegen. Anschließend führt ein Schotterweg den Friedhof entlang. Nach einiger Zeit erreicht man den Spielplatz und die Tiergehege mit Aussicht auf das Schloss Stixenstein. Nach den Tiergehegen vor der Brücke rechts abbiegen. Der weitere Weg verläuft dann im Schatten entlang der Sierning. Bei der Abzweigung mit Schranken, die auf die Forststraße beziehungsweise links über die Brücke führt, umdrehen und am gleichen Weg wieder zurück.

19 Vom **Exelberg** übers Hameau bergab nach **Neuwaldegg**

mittel
6 km
1 h 30 min

Zu dieser Wanderung fährt man am besten mit Öffentlichen Verkehrsmitteln, da Ausgangs- und Endpunkt nicht ident sind. Gestartet wird am Exelberg. Weiter geht es über das Hameau durch dichten Wald nach Neuwaldegg. Das Hameau - auch Holländerdörfl genannt - ist eine Anhöhe auf der 1782 siebzehn Hütten nach holländischem Vorbild errichtet wurden. Von den Häusern ist allerdings nichts mehr zu sehen. Jetzt befinden sich eine Unterstandhütte und Bänke auf dem Areal. Diese Tour bietet vor allem für warme Tage zwei Vorteile: Sie ist praktisch durchgehend schattig und verläuft fast immer bergab. Allerdings sind manche Stellen relativ steil.

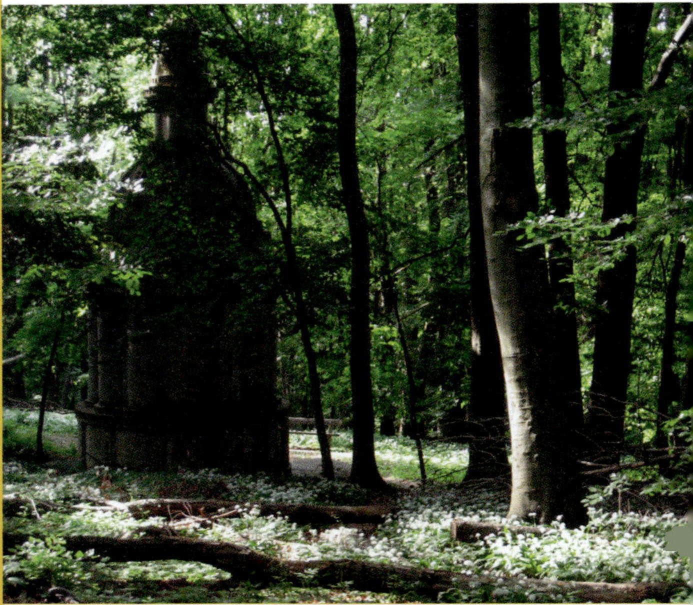

Anforderung: Mittel; holprige Forststraße bzw. breiter, holpriger Waldweg, der stellenweise steil bergab geht. Im unteren Teil asphaltiert. Geländegängiger Kinderwagen notwendig und eine Bandschlinge beziehungsweise ein kurzes Stück Seil zum Sichern des Kinderwagens sinnvoll.

Dauer: Exelberg-Neuwaldegg: 6 km, ca. 270 Höhenmeter bergab, 1,5 Std.

Bestes Wetter: Schönes Wetter; auch im Sommer geeignet, da der Weg fast durchgehend im Wald verläuft und es fast immer bergab geht. Nicht geeignet bei Nässe und Schnee.

Schatten: 100 Prozent

Kinderfahrrad: Nein

Anfahrt Auto: Besser mit Öffentlichen Verkehrsmittel, da Ausgangs- und Endpunkt nicht gleich sind. Wer dennoch mit dem Auto fahren möchte: Es gibt die Möglichkeit vom Exelberg aufs Hameau und wieder zurück zu gehen (gesamt ca. 3,6 km). Dazu von Neuwaldegg auf der Exelbergstraße, die dann in die Tullner Str. übergeht, bergauf Richtung Sophienalpe. Kurz vor dem Sender ist auf der rechten Seite der Parkplatz. (Navi: 1140 Wien, Sophienalpe)

Ausgangspunkt/P: Von der Bushaltestelle Exelberg Rotes Kreuz ein paar Meter gegen die Fahrtrichtung zurückgehen, also vom Sender weg. Man kommt zu einem Parkplatz (gegenüber steht das Rote Kreuz). Hier startet die Forststraße, die mit Schranken abgesperrt ist.

Anfahrt öffentlich: Hin: Bis zur Endstelle des 43er (Neuwaldegg). Dort ein paar Meter die Dornbacher Str. stadtauswärts zum Hans-Leinkauf-Platz. Von hier Regionalbus Nr. 243 bis Exelberg Rotes Kreuz (Fahrplan beachten und Anreise genau planen, der Bus fährt nur unregelmäßig!).
Zurück: Endstelle 43er Neuwaldegg.

WANDERWERT FÜR KINDER

2-3 Jahre: Nicht geeignet

4-6 Jahre: Strecke ist nicht sehr abwechslungsreich, geht dafür aber immer bergab. Es gibt einen großen Spielplatz gegen Ende der Tour. (Bei der Jausenstation vor der Unterführung rechts ein paar Meter auf dem Asphaltweg entlang. Innerhalb kurzer Zeit gelangt man so zum Spielplatz.)

INFOS/GASTSTÄTTEN:

- Es gibt gegen Ende der Wanderung eine Jausenstation (von Frühling bis Herbst täglich geöffnet, im Winter nur an den Wochenenden).

WEGBESCHREIBUNG:

Vom Parkplatz aus in die Forststraße, die mit einem Schranken versehen ist. (Wegweiser: Hameau, Dreimarkstein folgen). Auf dieser Forststraße immer Richtung Hameau wandern. Nach einiger Zeit taucht auf der rechten Seite das Wienerwald Heldendenkmal und kurz danach ein kleiner Teich auf. Auf dem rechten Weg gelangt man hier innerhalb weniger Minuten aufs Hameau, wo es neben einer kleinen Wiese mit Bänken eine Unterstandshütte gibt. Nun dem Wegweiser Richtung Neuwaldegg folgen und dabei immer auf dem breiten Weg bleiben (Nicht in die Waldwege einbiegen!). Es geht nun stellenweise steil hinunter bis schließlich ein asphaltierter Weg erreicht wird. Rechts abbiegen und auf diesem Weg immer weiter bergab. Schließlich stößt man auf die Höhenstraße. Rechts abbiegen und ein kurzes Stück auf dem Gehsteig. Dann kommen eine Unterführung und die Jausenstation. Durch die Unterführung und anschließend die Schwarzenbergallee bis zum Ende entlang gehen. Nach links die Waldegghofgasse steil hinunter. Auf der Dornbacher Str. schließlich einige Meter nach rechts bis zur Ampel. Hier befindet sich die Endstation der Linie 43.

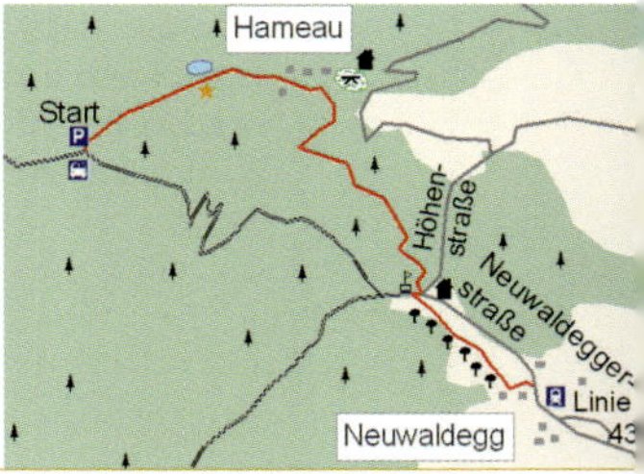

20 Durchs schattige **Reisperbachtal**

mittel
5 km
1 h 30 min

Auch das ist die Wachau: dichter Wald, ein kleiner Bach, Vogelgezwitscher und nur wenige Wanderer. Der Naturlehrpfad entlang des kühlenden Reisperbach ist ein ideales Ziel für wärmere Tage. Für Abwechslung unterwegs sorgen ein Fischteich, ein Spielplatz, eine Felsgrotte und etliche Schautafeln. Im Anschluss an die Wanderung bieten sich ein Besuch von Stein mit seinem mittelalterlichen Stadtkern und ein Spaziergang entlang der Donau an.

Anforderung: Mittel; zunehmend holpriger werdender Waldweg, der stetig bergauf führt.

Dauer: RW: 5 km, 130 Höhenmeter, 1,5 Std.; die Tour kann um 2 km und 60 Höhenmeter verkürzt werden, wenn man nicht im Ort, sondern weiter oben direkt beim Beginn des Naturlehrpfades parkt (siehe unter Parkplatz).

Bestes Wetter: Schönes Wanderwetter; auch an Sommertagen empfehlenswert, da der Weg meist durch Wald führt und entlang eines Baches verläuft.

Schatten: 75 Prozent

Kinderfahrrad: Nein

Anfahrt Auto: A22 bis Knoten Stockerau, auf der S5 weiter Richtung Krems. Der Straße immer durch Krems folgen und dann weiter nach Stein. Schließlich rechts in die Reisperbachtalstraße (Wegweiser zum Naturlehrpfad). Hier befindet sich auch die Destillerie Bailoni. (Navi: 3500 Krems an der Donau (Stein an der Donau), Reisperbachtalstraße)

Anfahrt öffentlich: Mit dem Zug oder der S-Bahn nach Krems. Danach zu Fuß auf einer nicht sehr reizvollen Strecke zum Ausgangspunkt (rund 2 km/Strecke). Dazu vom Bahnhofsplatz kommend links auf der Hauptstraße einbiegen und dieser immer folgen. Beim Kreisverkehr in die Steiner Donaulände, die zum Start der Wanderung führt.

Ausgangspunkt/P: Es gibt Parkplätze am Beginn der Reisperbachtalstraße. Wer sich insgesamt rund 2 km ersparen will, kann die Reisperbachtalstraße noch ein Stück hinauf fahren. In

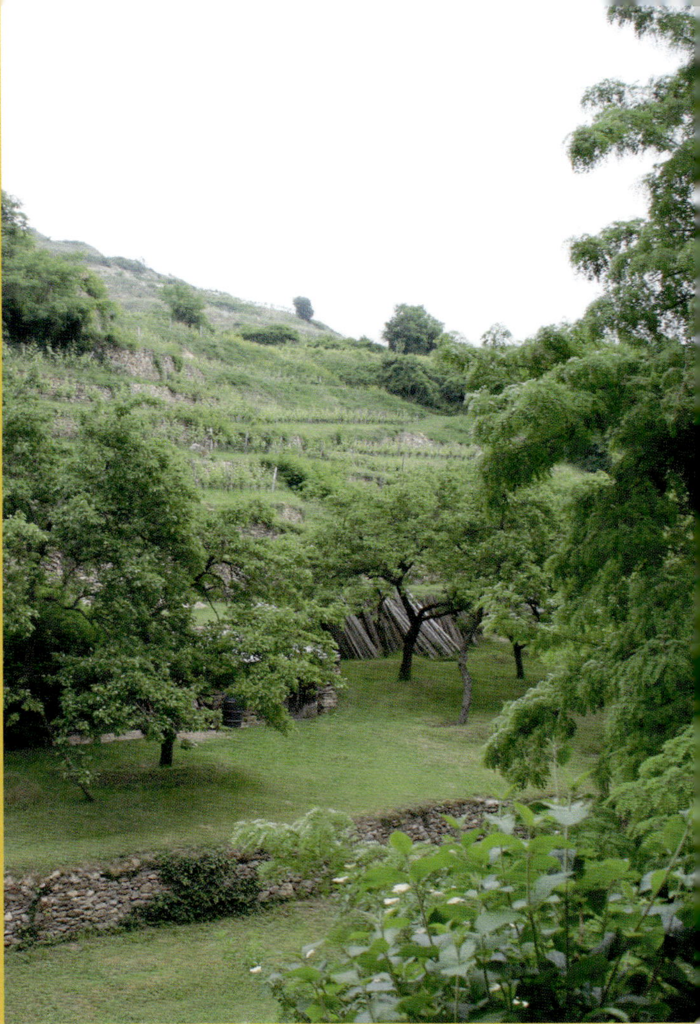

einer Linkskurve befindet sich der kleine Naturlehrpfad-Parkplatz. Vom Parkplatz der grünen Markierung kurz bergab folgen. So wird der Waldweg beim Start des Lehrpfades erreicht.

WANDERWERT FÜR KINDER

2-3 Jahre: Nur mit Kinderwagen. Es gibt einen kleinen Spielplatz im Wald, einen Fischteich und immer wieder ist es möglich, im Bach zu spielen.

4-6 Jahre: S.o., Naturlehrpfad mit Tafeln über heimische Tiere und Pflanzen.

INFOS/GASTSTÄTTEN:

• Mehrere Gasthäuser, Cafés und Heurige in Stein bzw. Krems. • Kunstmeile Krems, Tel. 02732/908010; *www.kunstmeile-krems.at*; • Stift Göttweig, Tel. 02732/85581-225, *www.stiftgoettweig.or.at*.

WEGBESCHREIBUNG:

Die Reisperbachtalstraße hinauf (Wegweiser zum Naturlehrpfad bzw. Reisperbachtalweg). Die Gleise überqueren und geradeaus weiter. Bei der Weggabelung den mittleren Weg nehmen. Nach einiger Zeit gelangt man so zum Naturlehrpfad-Parkplatz. Hier den grünen Markierungen folgen. Es geht kurz bergab, danach beginnt der Naturlehrpfad. Nun immer den zunehmend holpriger werdenden Waldweg am Bach entlang, an Fischteich und am kleinen Spielplatz vorbei bis zur Hubertushütte (Unterstandshütte) und Rotem Kreuz. Zurück entweder auf demselben Weg oder auf der Schotterstraße (Achtung hier fahren ab und zu Autos!). Beim Ortsschild Stein der grünen Markierung nach links folgen.

Regenspaziergänge in Wien

Auch an regnerischen Tagen tut es gut, an der frischen Luft spazieren zu gehen. Da es bei weiter Anreise aber ärgerlich ist, wenn aus leichtem Nieseln plötzlich doch ein starker Schauer wird, befinden sich sämtliche Regenrouten innerhalb Wiens. Außerdem sind es meist leichte und kurze Wege.

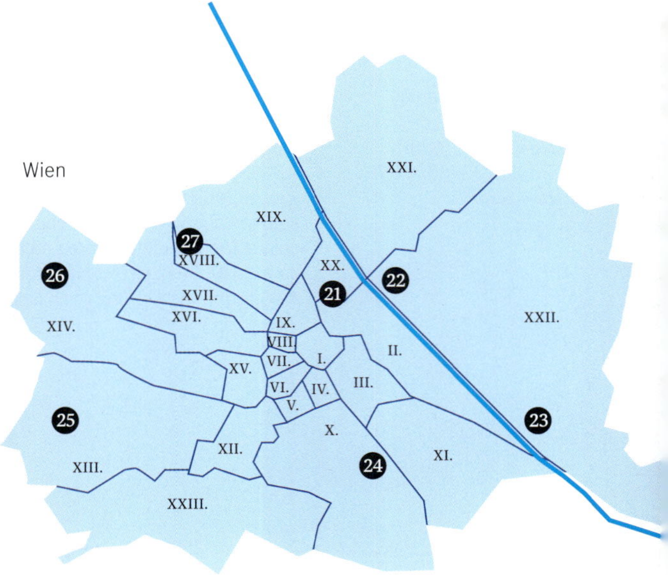

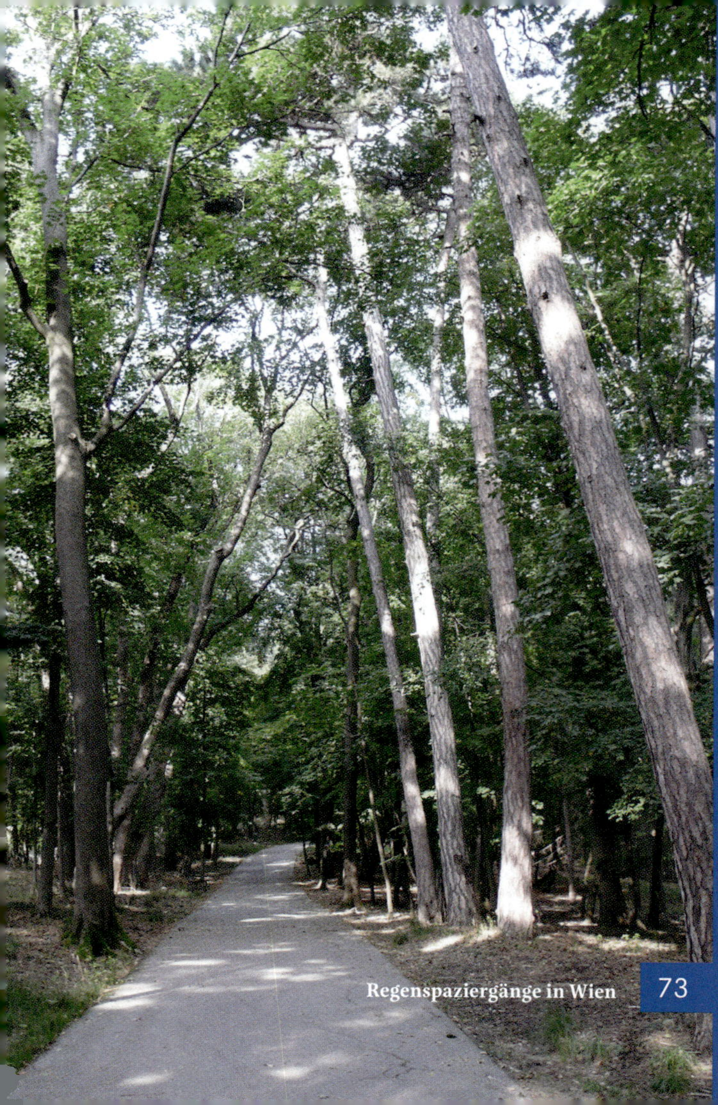

21 Eine Runde durch den **Augarten**

leicht
2,2 km
40 min

Lange Alleen und mitten drin zwei markante Flaktürme, barockes Schloss neben Filmarchiv und „Augarten Contemporary“ – der Augarten im 2. Bezirk hat viele Facetten. Diese können das ganze Jahr über bei einem gemütlichen Kinderwagen-Spaziergang entdeckt werden. Der Augarten ist auch ein lohnendes Ziel für regnerische und „faule Tage“: eben, variable Streckenlänge, nette Rast- und mehrere Spielplätze.

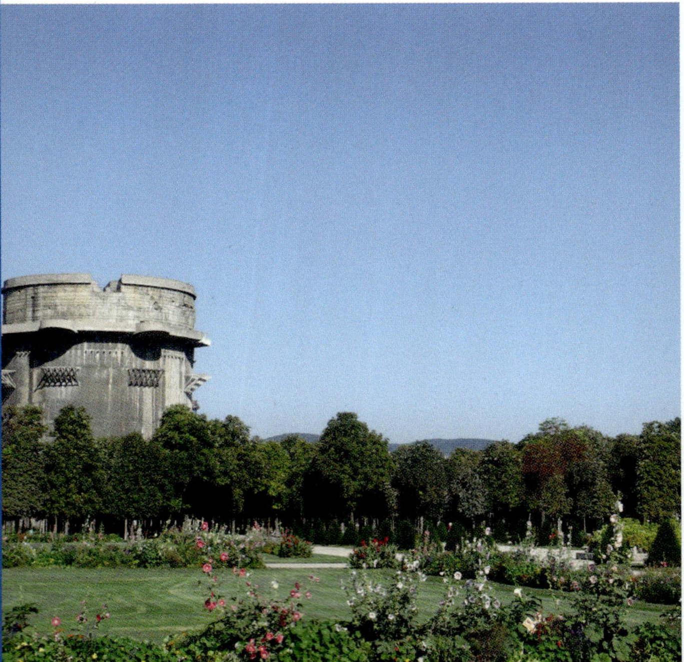

Anforderung:	Leicht; breite, ebene Asphalt- und Schotterwege
Dauer:	RW: 2,2 km (beliebig ausdehn- oder abkürzbar), kein Höhenunterschied, 40 Min.
Bestes Wetter:	Jedes Wetter
Schatten:	75 Prozent
Kinderfahrrad:	Ja, der ganze Park ist kinderfahrradtauglich.
Anfahrt Auto:	Besser mit öffentlichen Verkehrsmittel anreisen, da der 2. Bezirk Kurzparkzone ist. Der Haupteingang befindet sich in der Oberen Augartenstraße. (Navi: 1020 Wien, Augarten, Obere Augartenstraße)
Anfahrt öffentlich:	Mit der U2 bis Taborstraße und dann zu Fuß die Obere Augartenstraße bis zum Haupteingang (ca. 800 Meter) oder mit der Straßenbahnlinie 31 Richtung Stammersdorf ab Schottenring bis Obere Augartenstraße.
Ausgangspunkt/P:	Haupteingang des Augartens. Es gibt in der Gegend Parkplätze (Achtung Kurzparkzone!).

WANDERWERT FÜR KINDER:
2-3 Jahre: Sehr gut geeignet, da die Weglänge variabel ist. Mehrere Spielplätze, darunter ein relativ schattiger Kleinkinderspielplatz im Park; für heiße Tage: Kinderfreibad
4-6 Jahre: S.o.

INFOS/GASTSTÄTTEN:
• Der Park schließt – je nach Jahreszeit zu unterschiedlichen Uhrzeiten – in der Nacht. • Im Augarten wird viel Kulturelles geboten: So ist unter anderem das Filmarchiv und das Augarten Contemporary hier angesiedelt. Im Sommer finden Veranstaltungen wie „Kino unter Sternen statt“: *www.kultur.park.augarten.org*;
• Diverse Restaurants und Cafés in der Umgebung.

WEGBESCHREIBUNG: Den Park durch den Haupteingang betreten. Danach immer am breiten Weg entlang der Mauer im Uhrzeigersinn eine große Runde im Park. Es gibt viele Quer- und Parallelwege, die es – je nach Lust, Laune, Zeit und Wetter – ebenfalls wert sind, erkundet zu werden.

22 Eine abwechslungsreiche Tour durch den **Donaupark**

leicht
4 km
1 h

Mitten im Donaupark steht der 252 Meter hohe und damit weithin sichtbare Donauturm. Die Grünanlage im 22. Bezirk wurde 1964 anlässlich der Internationalen Gartenschau angelegt. Langweilig wird eine Runde hier – egal bei welchem Wetter – sicher nicht: Neben prachtvollen Blumenbeeten gibt es einen Motorik-Parcours, schöne Spielplätze, einen Teich, öffentliche Tennisplätze und einen kleinen Zug, der durch den Park fährt.

Anforderung: Leicht; breiter, ebener Asphaltweg.

Dauer: RW: ca. 4 km, kein Höhenunterschied, 1 Std.

Wetter: Bei jedem Wetter, außer an heißen Sommertagen; im Winter Rodelmöglichkeit: ab minus zwei Grad wird der Kaffeehausberg beschneit.

Schatten: 50 Prozent

Kinderfahrrad: Ja, auf den ebenen Wegen können auch Anfänger gut fahren.

Anfahrt Auto: Von der Wagramer Str. in die Arbeiterstrandbadstr. einbiegen. Der Parkeingang befindet sich etwa auf der Höhe des Strandbads Alte Donau. (Navi: 1220 Wien, Arbeiterstrandbadstr)

Anfahrt öffentlich: U6 Neue Donau und dann mit dem 20B bis zur Arbeiterstrandbadgasse (genau planen, der Bus fährt nicht gerade oft!) oder mit der U1 bis Kaisermühlen/VIC, weiter zu Fuß die Donau-City-Straße entlang bis der Park erreicht wird. Bei dieser Anreise steigt man bei der Papstwiese in die Runde ein. Der Weg von der U-Bahnstation bis zum Einstieg in die Runde beträgt rund 700 Meter.

Ausgangspunkt/P: Bushaltestelle der Linie 20B. Parkplätze Arbeiterstrandbadgasse/Donauturmstr.

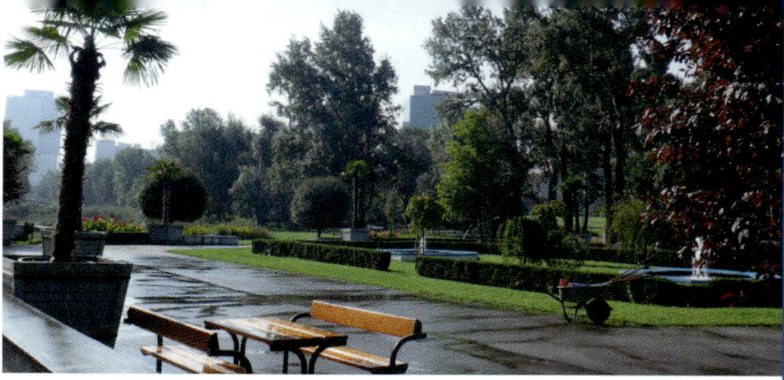

WANDERWERT FÜR KINDER:

2-3 Jahre: Ein gutes Ziel für Kinder, da es viel zu sehen (Tiergehege, See mit Enten) und einen riesigen, teilweise schattigen Spielplatz gibt. Die Tour lässt sich außerdem leicht verkürzen.

4-6 Jahre: S.o.

INFOS/GASTSTÄTTEN:

- Allgemeine Informationen zum Donauturm, in dem sich auch eine Aussichtsterrasse und ein Restaurant befinden: *www.donauturm.at.*

WEGBESCHREIBUNG:

Vorschlag für eine Runde durch den Park: Von der Bushaltestelle aus den Park betreten, gleich bei der Skateanlage links abbiegen und vorbei an Vogelhaus und Tiergehegen. Danach rechts Richtung Bienenhaus/Kaffeehausberg. Nach einiger Zeit führt der Weg über eine Brücke. Nach der Brücke rechts abbiegen (links gelangt man zum „Sparefroh"-Spielplatz). Kurz vor dem Donauturm dann nach links und eine Runde um die Papstwiese. Bei einem Spielplatz und noch einer Skateanlage vorbei und dann weiter Richtung Donauturm. Nach dem Turm geradeaus weiter. Anschließend wird ein Fitness- und Geschicklichkeitsparcours passiert. Schließlich bei den Tennisplätzen vorbei zurück zum Ausgangspunkt. Der Spaziergang ist natürlich nach Belieben ausdehn- oder verkürzbar. Bei Anreise mit der U1 einfach bei der Papstwiese einsteigen und die Runde von hier aus absolvieren.

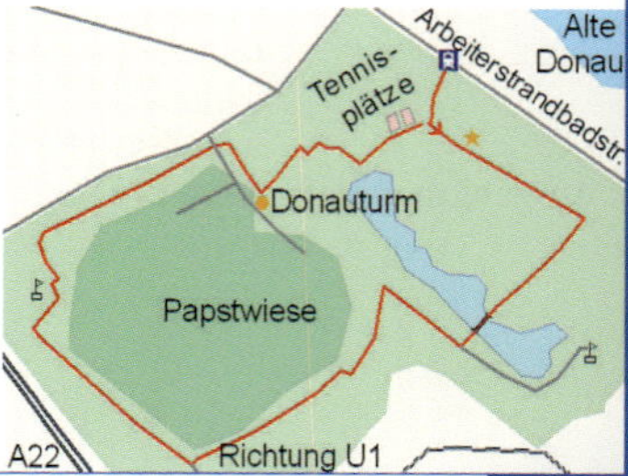

23 Naturlehrpfad **Obere Lobau**

leicht
6,5 km
1 h 45 min

Eigentlich ist es kaum zu glauben: ein Nationalpark in der Großstadt. Doch die Lobau, was so viel bedeutet wie „Wasserwald", ist seit 1996 Teil des Nationalparks Donau-Auen und liegt innerhalb Wiens. Beim Nationalparkhaus gibt es nicht nur Ausstellungen und einen schönen Spielplatz, sondern hier starten auch etliche Wege durch die Au-Landschaft. Einer davon ist der Naturlehrpfad Obere Lobau, der zunächst durch Wald, dann durch Wiesen und Äcker verläuft. Eine Beschreibung zu den einzelnen Stationen des Lehrpfades ist im Naturparkhaus erhältlich.

Anforderung: Leicht; schöner, breiter und ebener Weg.
Dauer: RW: 6,5 km, kein Höhenunterschied, 1 Std. 45 Min.
Wetter: Jedes Wanderwetter; auch bei leichtem Regen hat die Au ihre Reize; nicht geeignet bei großer Hitze, da ein Teil des Weges in der Sonne verläuft.
Schatten: 50 Prozent
Kinderfahrrad: Ja, die ganze Strecke ist dafür gut geeignet.
Anfahrt Auto: A22 oder A23 bis zum Knoten Kaisermühlen. Hier weiter Richtung Ölhafen, Lobau. Immer geradeaus am Damm bleiben und den Nationalpark-Wegweisern folgen. Schließlich links in den Biberhaufenweg und kurz darauf in den Dechantweg zum Nationalparkhaus Lobau. (Navi: 1220 Wien, Dechantweg 8)
Anfahrt öffentlich: Ab U1 Kaisermühlen/VIC oder der S-Bahnstation Lobau mit dem Bus 91A Richtung Ölhafen bis zur Station „Roter Hiasl". Den Biberhaufenweg entlang und dann rechts in den Dechantweg (rund 300 Meter). Hier befindet sich das Nationalparkhaus.
Ausgangspunkt/P: Es gibt Parkplätze beim Nationalparkhaus Lobau.

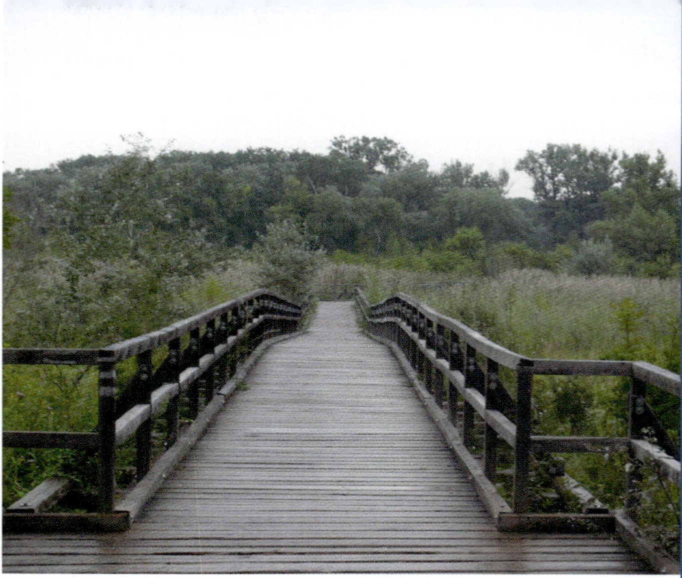

WANDERWERT FÜR KINDER:

2-3 Jahre: Eher nicht geeignet.
4-6 Jahre: Mit Kinderfahrrad eine schöne Tour. Spielplatz, Wiese, Tierspuren zum Erraten, Teich mit Fischen und Picknicktische beim Nationalparkhaus. Für den Naturlehrpfad einen Folder mit den Beschreibungen im Nationalparkhaus besorgen.

INFOS/GASTSTÄTTEN:

- Insektenschutz nicht vergessen!
- Nationalparkhaus Lobau: Geöffnet von März bis Ende Oktober, Mi bis So von 10 bis 18 Uhr, Tel. 01/4000-49500, *www.donauauen.at*;
- Getränke- und Snackautomat im Nationalparkhaus.

WEGBESCHREIBUNG:

Am Nationalparkhaus links vorbei in den breiten Weg hinein. Anschließend immer den – manchmal ein bisschen versteckten – Naturlehrpfad Obere Lobau-Wegweisern folgen.

24 **Laaer Wald:** Natur trifft auf Vergnügungspark

leicht
3,7 km
1 h

Der Laaer Wald ist ein rund 40 Hektar großes Erholungsgebiet im 10. Bezirk. Geboten wird Einiges: schöner Wald, ruhige Wiesen zum Picknicken, ein idyllischer Teich und Spielplätze. Mittendrin befindet sich zudem der Böhmische Prater, ein kleiner Vergnügungspark. Neben Riesenrad, Autodrom und Co. laden zahlreiche Gasthäuser und das Veranstaltungszentrum Tivoli zum Verweilen ein.

Anforderung: Leicht; sehr schöner Schotterweg, etwas hügelig.
Dauer: RW: 3,7 km, ca. 30 Höhenmeter, 1 Std.
Wetter: Bei jedem Wanderwetter und auch an regnerischen Tagen geeignet. Im Böhmischen Prater gibt es genügend Möglichkeiten zum Aufwärmen und der 2. Teil der Runde führt dann durch Wald. Im Winter Rodelmöglichkeit.
Schatten: 50 Prozent
Kinderfahrrad: Ja, aber nur für geübtere Kinder (Schotterweg und hügelig).
Anfahrt Auto: Von der Laxenburger Str. in die Wienerberg Bundesstr. (B225). Weiter bis zur Bitterlichstr. und schließlich links in die Klemens-Dorn-Gasse einbiegen. (Navi: 1100, Klemens-Dorn-Gasse)
Anfahrt öffentlich: Mit dem 15A bis Langsulzgasse z.B. ab U6 Philadelphiabrücke oder U3 Enkplatz.
Ausgangspunkt/P: Bushaltestelle Langsulzgasse bzw. Parkplatz in der Klemens-Dorn-Gasse.

WANDERWERT FÜR KINDER:

2-3 Jahre: Zwei Spielplätze (allerdings der erste nur für etwas ältere Kinder), Teich mit Plattform zum Vögel-Beobachten, Wiesen zum Toben und im Winter Rodelmöglichkeit in der Löwygrube

4-6 Jahre: S.o.; Es gibt eine BMX-Bahn und diverse (kostenpflichtige) Attraktionen im Böhmischen Prater

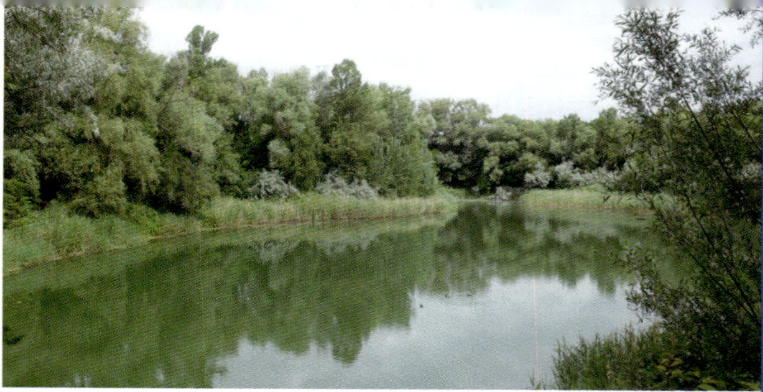

INFOS/GASTSTÄTTEN:

• Öffnungszeiten der Tore beachten, *www.wien.gv.at/umwelt/wald/erholung/laaerwald.html*; • Böhmischer Prater mit zahlreichen Restaurants und Attraktionen (u.a. ein Kasperltheater), Tel. 0676/7209411, *www.böhmischer-prater.at*, geöffnet von März bis 01.11.

WEGBESCHREIBUNG:

Von der Bushaltestelle aus die Wiesenthalgasse hinein bis man beim Parkplatz ansteht. Rechts abbiegen, auf den Schotterweg für Fußgänger und Radfahrer wechseln und entlang des Feldes mit Blick auf Simmering gehen. Man gelangt so zur Löwygrube. Danach geradeaus weiter Richtung Böhmischer Prater. Durch den Böhmischen Prater und gleich am Ende links durch das Tor (Öffnungszeiten beachten!) ins Erholungsgebiet Laaer Wald. Nach den Schautafeln links halten und durch das Holztor. Ein Stück weiter besteht die Möglichkeit eines lohnenden Abstechers zum Butterteich (Gehzeit zum Teich ca. 5 Minuten). Danach dem Wegweiser Richtung Vogental folgen. Geht man bei der nächsten Kreuzung geradeaus und verlässt den Laaer Wald, kommt man zu einem kleinen schattigen Spielplatz. Hält man sich rechts, gelangt man zurück zum Parkplatz.

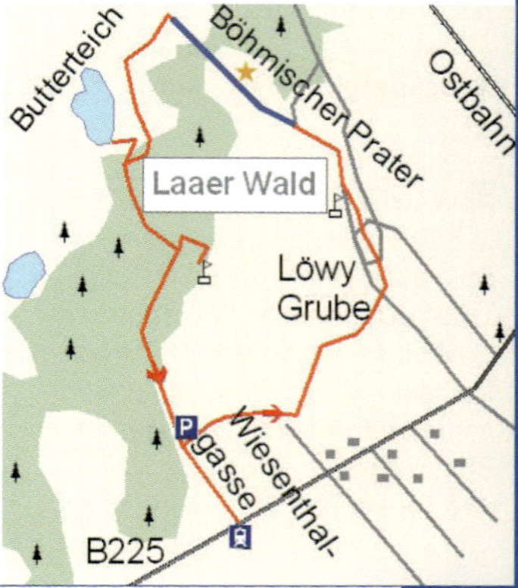

25 Lainzer Tiergarten: **Rund um den kleinen Eichberg**

leicht
3,8 km
1 h

Das Gütenbachtor zählt zu den weniger stark frequentierten Eingängen des Lainzer Tiergartens. Der Weg verläuft fast durchgehend unter Bäumen. Ein idealer Weg also, sowohl für heiße, als auch regnerische Tage. Bäche, sanfte Hügel, Wälder und weite Wiesen machen diesen Spaziergang abwechslungsreich. Der Nachteil: Es gibt unterwegs direkt am Weg keine Einkehrmöglichkeit.

Anforderung: Leicht; zuerst Asphalt, dann ein sehr schöner Schotterweg, nur leichte Steigungen.
Dauer: RW: ca. 3,8 km, 50 Höhenmeter, rund 1 Std.
Wetter: Bei jedem Wetter möglich; im Winter Winterdienst.
Schatten: 100 Prozent
Kinderfahrrad: Der 1. km bis zur ersten Abzweigung ist geeignet, danach wird es hügelig (allerdings nur für kleine Kinder, da Fahrräder im Lainzer Tiergarten verboten sind).
Anfahrt Auto: Die Breitenfurter Straße bis nach Kalksburg. Dort in die Gütenbachstraße einbiegen. Diese rund 2 km entlang bis zum Gütenbachtor. (Navi: 1130, Lainzer Tiergarten, Gütenbachstraße)
Anfahrt öffentlich: Schlecht erreichbar, daher besser mit dem Auto anreisen.
Ausgangspunkt/P: Lainzer Tiergarten – Gütenbachtor. P direkt beim Tor.

WANDERWERT FÜR KINDER:

2-3 Jahre: Es gibt einen kleinen Spielplatz gleich beim Eingang, einen gut zugänglichen Bach zum Spielen und mit etwas Glück können frei laufende Wildschweine beobachtet werden. Kinderwagen oder Buggy mitnehmen.
4-6 Jahre: S.o.

INFOS/GASTSTÄTTEN:

• Öffnungszeiten des Gütenbachtors beachten! Auskünfte dazu unter Tel. 1/4000-49200 bzw. *www.lainzer-tiergarten.at*;
• Fahrräder und Hunde sind im Lainzer Tiergarten verboten.

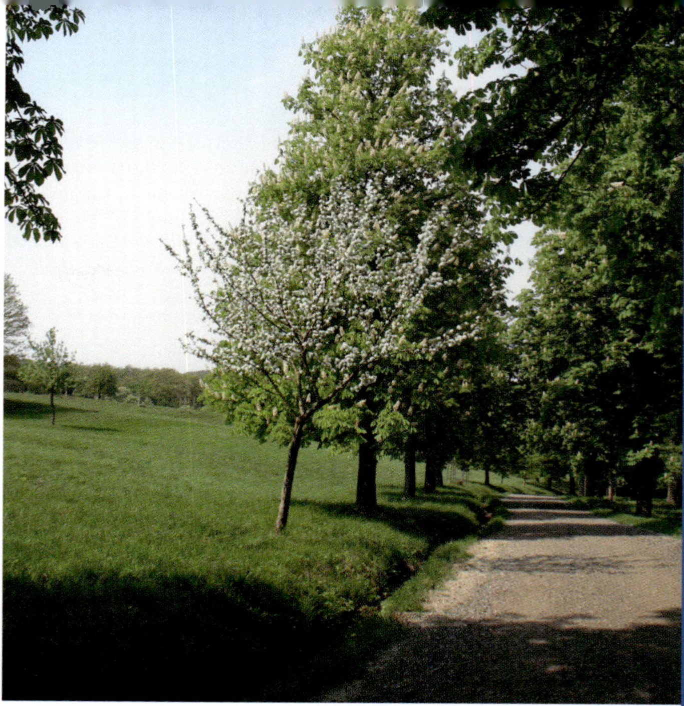

WEGBESCHREIBUNG:

Den Lainzer Tiergarten durch das Gütenbachtor betreten. Den Asphaltweg leicht links entlang. Bereits nach kurzer Zeit wird so ein kleiner Spielplatz erreicht. An diesem vorbei und immer geradeaus. Bei der nächsten Abzweigung rechts abbiegen (Wegweiser: Lainzer Tor, Hermesvilla folgen). Bevor es nun etwas bergauf geht, kommt man noch an einer Unterstandshütte vorbei. Schließlich gelangt man zu einer großen Wiese. Am Ende der Wiese in einen guten, gepflegten Schotterweg, neben dem ein kleiner Bach fließt, rechts einbiegen (Wegweiser: Gütenbachtor). Diesen Weg entlang zurück zum Ausgangspunkt.

26 Zur **Mostalm**

leicht
3,5 km
1 h

Wiesen zum Ausruhen, Toben und Picknicken, sanfte Hügel, Wälder und zwei Gasthäuser mit Garten: Die Strecke von der Sophienalpe zur Mostalm ist ideal, um ein paar erholsame Stunden im Grünen zu verbringen. An schönen Wochenenden ist hier allerdings sehr viel los. Da der Weg aber relativ kurz ist und es gleich zwei Einkehrmöglichkeiten gibt, eignet sich diese Tour aber auch für unbeständigeres Wetter – und an solchen Tagen kann man die Natur dann (fast) alleine genießen.

Anforderung: Leicht bis mittel; schöner, breiter Schotterweg, aber etwas hügelig.

Dauer: Hin und retour: ca. 3,5 km, 50 Höhenmeter, 1 Std.

Wetter: Klassisches, nicht zu warmes Wanderwetter; auch für regnerische Tage geeignet, da auf der nicht allzu langen Strecke gleich zwei Einkehrmöglichkeiten sind. Im Winter kann auf der Sofienalpe gerodelt werden.

Schatten: 25 Prozent

Kinderfahrrad: Nein

Anfahrt Auto: Von Neuwaldegg die Exelbergstr. Richtung Tulln. Nach dem großen Sender kommt ein Wegweiser zur Sophienalpe. Hier links abbiegen und bis zum Parkplatz fahren. (Navi: 1140, Sophienalpe)

Anfahrt öffentlich: Mit der Straßenbahnlinie 43 bis zur Endstation Neuwaldegg. Von hier aus die Dornbacher Str. ein Stück stadtauswärts bis zum Hans-Leinkauf-Platz, wo der Regionalbus 243 wegfährt. Mit diesem bis „Exelberg Abzweigung Sofienalpe". (Fahrplan beachten und Anreise planen, da die Intervalle des Busses sehr lang sind). Von der Bushaltestelle aus die Straße überqueren und die Sophienalpenstraße (Wegweiser zum Restaurant Sophienalpe) hinein bis zum Restaurant. Achtung Verkehr! Der Weg verlängert sich so um 500 Meter pro Strecke.

Ausgangspunkt/P: P beim Hotel-Restaurant Sophienalpe. Am Wochenende kostet das Parken 1,50 Euro, die bei Konsumation gegenverrechnet werden.

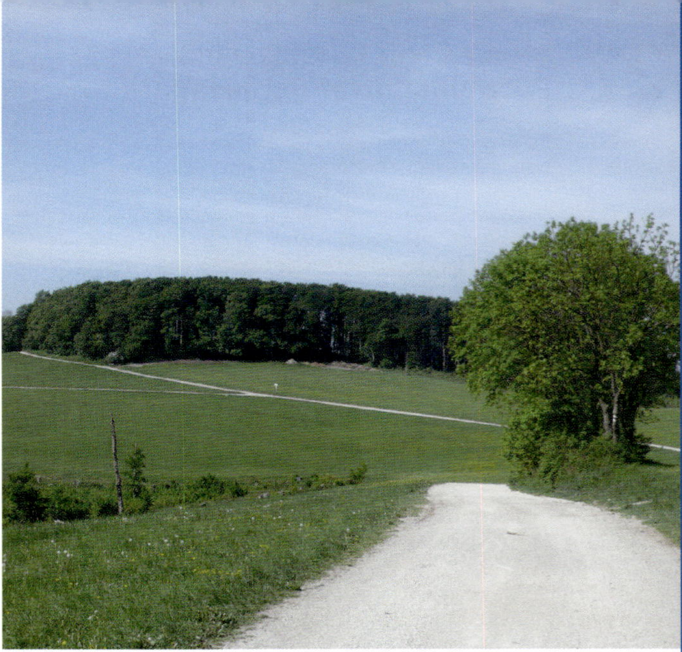

WANDERWERT FÜR KINDER:

2-3 Jahre: Es gibt eine Schaukelwiese beim Gasthaus Sophienalpe und einen Spielplatz (mit etwas veralteten Geräten) bei der Mostalm. Kinderwagen mitnehmen.

4-6 Jahre: S.o.; gut geeignet, da die Strecke zwischen den Gasthäusern relativ kurz ist.

INFOS/GASTSTÄTTEN:

- Hotel-Restaurant Sophienalpe, Tel. 0680/3319376, *www.sophienalpe-wien.at*, Mo und Di Ruhetage;
- Mostalm, netter Gastgarten, Tel. 01/9792731, Ruhetag: Fr.

WEGBESCHREIBUNG:

Am Ende des Parkplatzes dem breiten Schotterweg (Wegweiser Richtung Mostalm) folgen. Der Weg zur Mostalm ist sehr gut beschildert. Man gelangt unterwegs zu zwei Abzweigungen: bei beiden rechts halten.

27 Statuen und Spielplatz im **Pötzleinsdorfer Schlosspark**

mittel
3,5 km
1 h

Schöne Wege, gepflegte Wiesen und einen großer Spielplatz bietet der im englischen Stil angelegte Pötzleinsdorfer Schlosspark im 18. Bezirk.

Die Wanderung beginnt steiler, als man es von einem Schlosspark erwarten würde. Auf dem Rückweg liegen dafür zwei Teiche, ein Lusthaus und einige Statuen. Besonders malerisch ist der Park im Herbst, wenn die Blätter beginnen, sich zu verfärben.

Anforderung: Mittel; sehr schöner asphaltierter Weg, aber gleich zu Beginn geht es länger bergauf.
Dauer: RW: 3,5 km, 120 Höhenmeter, 1 Std.
Wetter: Bei jedem Wetter eine schöne Runde; im Winter bei Eis allerdings aufgrund der Steilheit ungeeignet, dafür gibt es einen Rodelhügel.
Schatten: 75 Prozent
Kinderfahrrad: Fahrradfahren ist im Pötzleinsdorfer Schlosspark verboten. Für Lauf- oder Dreirad eignet sich der Weg unterhalb vom Spielplatz, also der Weg, der nach dem Eingang geradeaus fast eben verläuft (siehe 2-3 Jahre).
Anfahrt Auto: Nach Gersthof und dann die Gersthoferstr., die in die Pötzleinsdorferstr. übergeht, bis zum Parkeingang. (Navi: 1180 Wien, Pötzleinsdorferst)
Anfahrt öffentlich: Straßenbahnlinie 41 bis zur Endstation Pötzleinsdorf.
Ausgangspunkt/P: Endstelle des 41ers. Parkplätze sind in den Straßen rund um den Park vorhanden.

WANDERWERT FÜR KINDER:
2-3 Jahre: Gut geeignet, wenn man nicht bergauf geht, sondern auf dem Weg, der unten beim Spielplatz vorbei führt, bis zum Teich (rund 400 Meter) und retour. Toller Spielplatz, der auf mehreren Ebenen angelegt ist: Ganz unten gibt es für die Kleinsten viel Sand, Wipptiere, eine Babyrutsche und Babyschaukeln. Weiter oben befinden sich dann u.a. ein Klettergerüst und ein Beachvolleyballplatz.
4-6 Jahre: S.o.

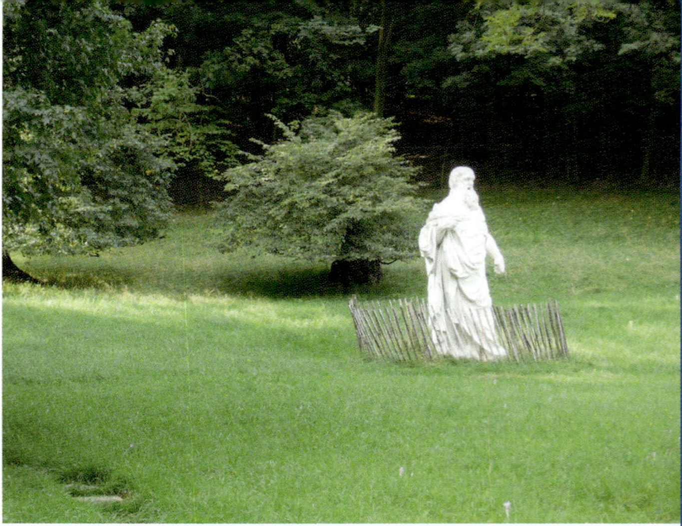

INFOS/GASTSTÄTTEN:

• Der Park wird um 8 Uhr geöffnet und mit Einbruch der Dunkelheit gesperrt. • Beim Spielplatz gibt es ein kleines Buffet.

WEGBESCHREIBUNG:

Von der Straßenbahnhaltestelle durch den von der Haltestelle aus sichtbaren Eingang in den Park und danach gleich nach links. So wird zunächst der Spielplatz erreicht. Nach den Gehegen links abbiegen und immer bergauf. Schließlich kommt eine Kreuzung: Hier geradeaus und weiter bergauf gehen, bis ein Tor und ein Rastplatz erreicht werden. Nun umdrehen und zurück zur Kreuzung, bei der man jetzt nach links bergab spaziert. Auch bei den folgenden Abzweigungen links halten. Kurz bevor man wieder unten ankommt, rechts einbiegen und an einem Teich vorbei. Schließlich nochmals nach rechts und fast eben zurück zum Ausgangspunkt.

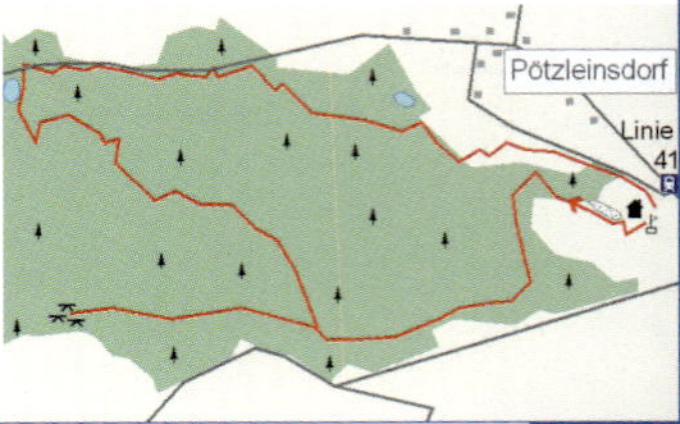

Winterwanderungen & Schlittenpartien

Die Winterwanderungen sind meist kürzere, einfachere Strecken mit einem Gasthaus zum Aufwärmen unterwegs. Bei einigen Touren ist es bei viel Schnee besser, statt dem Kinderwagen einen Schlitten zu nehmen, da die Wege nicht geräumt werden. Unbedingt beachten: Selbst aus an sich leichten Strecken können bei winterlichen Verhältnissen anspruchsvollere Touren werden.

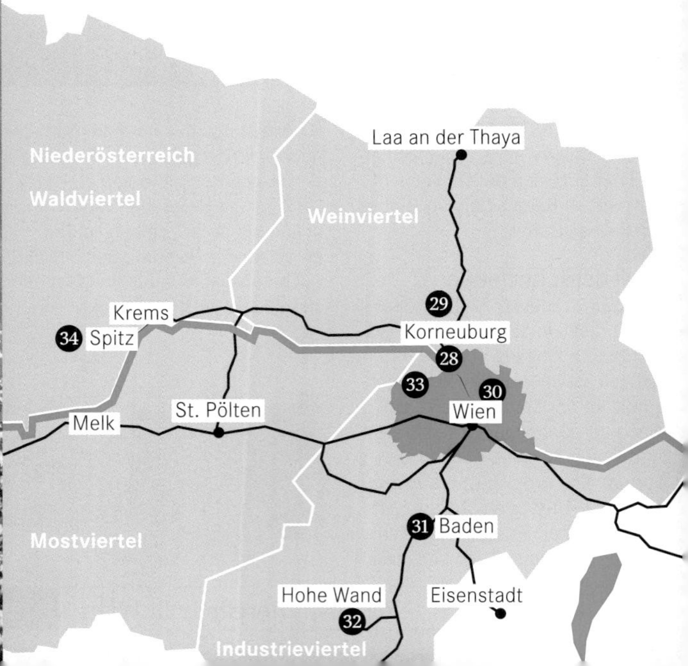

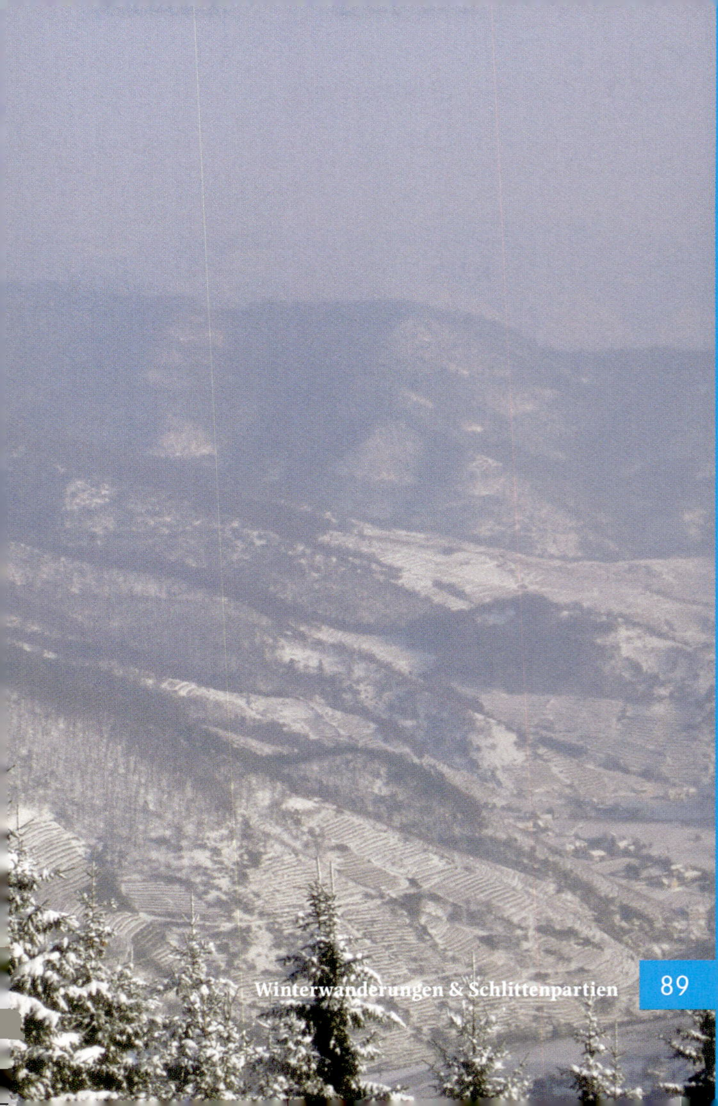

28 Auf dem **Bisamberg**

leicht
3,5 km
1 h

Lange war der 358 Meter hohe Bisamberg hauptsächlich für seinen Mittelwellensender bekannt. Dieser wurde mittlerweile abgerissen. Aber der Bisamberg bietet dennoch einiges: wunderschöne Aussichten auf Wien, die Donau und Klosterneuburg, dichte Wälder, nette Spiel- und Rastplätze und angenehme Wege. Daher ist der Bisamberg an Wochenenden auch ein sehr beliebtes Ausflugsziel. An Wintertagen unter der Woche begegnet man hingegen praktisch niemandem.

Anforderung: Leicht; bei Schneelage: mittel; geländegängiger Kinderwagen notwendig; bei viel Schnee im Gasthaus Gamshöhe (siehe Infos) nach der Wegbeschaffenheit fragen und bei schlechten Verhältnissen einen Schlitten dem Kinderwagen vorziehen.

Dauer: RW: ca. 3,5 km, kaum Höhenunterschied, 1 Std.; zur Elisabeth-Höhe hin und retour: rund 1 km, 25 Höhenmeter, 20 Min.

Wetter: Schönes Winter- und jedes Wanderwetter. Auch an wärmeren und regnerischen Tagen eine schöne Tour, da der Weg fast durchgehend im Wald verläuft.

Schatten: 100 Prozent

Kinderfahrrad: Ohne Schnee ist vor allem die Strecke vom Gasthaus Gamshöhe bis zum schönen Wienblick zum Radfahren geeignet. Eventuell hier dann umdrehen und auf demselben Weg wieder zurück.

Anfahrt Auto: Auf der A22 bis zur Abfahrt Korneuburg Ost. Dann immer den Bisamberg-Wegweisern folgen. In Bisamberg durch den Ort bis rechts die Abzweigung zum Gasthaus Gamshöhe, Elisabeth-Höhe kommt. Abbiegen und jetzt den grünen „Gasthaus Gamshöhe“- Schildern und der Bergstraße folgend bis zum Parkplatz. (Navi: 2102 Bisamberg, Gamshöhe 315)

Anfahrt öffentlich: Nicht möglich

Ausgangspunkt/P: P beim Gasthaus Gamshöhe. Vom P aus am Gasthaus vorbei zur Forststraße gehen.

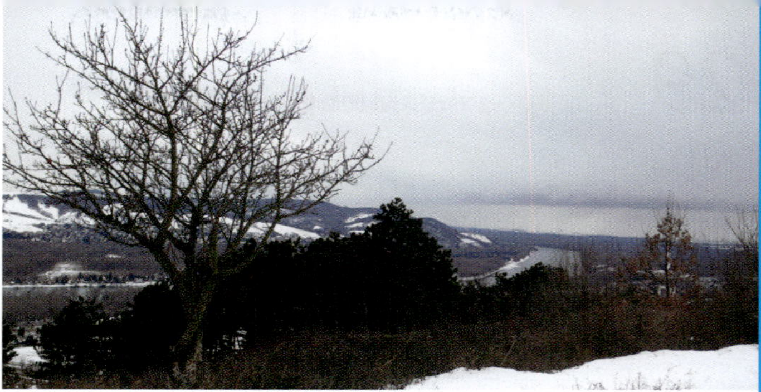

WANDERWERT FÜR KINDER

2-3 Jahre: Ja, geeignet. Aber die ganze Runde nur mit Kinderwagen. Bei ca. der Hälfte der Runde befindet sich ein netter Spielplatz. Oder, wenn man nicht so weit gehen oder keinen Kinderwagen mitnehmen möchte: Vom Parkplatz nur zur Elisabeth-Höhe spazieren. Hier gibt es Picknicktische, Schaukeln und eine Wiese zum Herumtoben.

4-6 Jahre: S.o.

WEGBESCHREIBUNG:

Vom Parkplatz aus zum Gasthaus Gamshöhe und dann am Gasthaus geradeaus vorbei. Bald wird eine Weggabelung erreicht: Den rechten Weg - eine Sackgasse namens Untere Innerthalen - NICHT nehmen, sondern links die Forststraße hinein. Diese immer entlang und dabei alle Abzweigungen ignorieren bis sich plötzlich der Wald lichtet und sich ein herrlicher Ausblick auf Wien bietet. Nun links in den Kallusweg einbiegen und diesem bis zum Spielplatz Falkenberg folgen. Der Spielplatz befindet sich auf der rechten Seite. Doch für die Rundwanderung hier links abbiegen. Den breiten Weg nun rund 650 Meter entlang. Dann beim blau-gelb-blauen Wegweiser „Korneuburger R.W.W“ links abbiegen und auf diesem Weg zurück zum Ausgangspunkt.
Wer dann noch Lust auf einen zusätzlichen grandiosen Ausblick auf Donau und Klosterneuburg hat, kann anschließend zur Elisabeth-Höhe mit Spielplatz und Picknicktischen spazieren (ca. 7 Min). Dazu den Weg gegenüber dem Gasthaus Gamshöhe immer geradeaus leicht bergauf. Gleicher Hin- wie Rückweg.

29 Am Fuße des **Michelbergs**

leicht
5 km
1 h 30 min

Eigentlich ist diese Gegend in der Nähe von Korneuburg recht unspektakulär, dennoch eignet sich diese Tour als nette Winterwanderung: ein ebener Weg, einsame verschneite Wälder und Wiesen und ein nettes Wirtshaus zum Aufwärmen beim Ausgangspunkt. Ideal also für einen gemütlichen Nachmittagsspaziergang.

Anforderung:	Leicht; schöner, nur leicht ansteigender Forstweg; im Winter geländegängiger Kinderwagen notwendig und bei sehr viel Schnee die Rodel verwenden; Waldlehrpfad: mittel wegen der Steigung im ersten Teil. Im Winter ist der Waldlehrpfad mit dem Kinderwagen nicht begehbar!
Dauer:	Hin und retour: ca. 5 km, 50 Höhenmeter, 1,5 Std.; Waldlehrpfad: RW: 2 km, 70 Höhenmeter, 45 Minuten;
Wetter:	Schönes Winter- bzw. Wanderwetter; im Sommer sollte es nicht zu heiß sein.
Schatten:	50 Prozent
Kinderfahrrad:	Die fast ebene Strecke ist zum Radfahren geeignet (nicht für Anfänger), der Waldlehrpfad nicht.
Anfahrt Auto:	Auf der A22 bis Korneuburg-West. Weiter Richtung Leobendorf und anschließend nach Oberrohrbach. Durch Oberrohrbach und, wenn es nicht mehr geradeaus weitergeht, nach rechts den grünen Wegweisern zum „Goldenen Bründl“ folgen. Das Gasthaus befindet sich nach einiger Zeit auf der rechten Seite. Der Wander-Parkplatz ist gegenüber. (Navi: 2100 Leobendorf (Oberrohrbach), Waldstraße)
Anfahrt öffentlich:	Nicht möglich
Ausgangspunkt/P:	P gegenüber vom Gasthaus Goldenes Bründl.

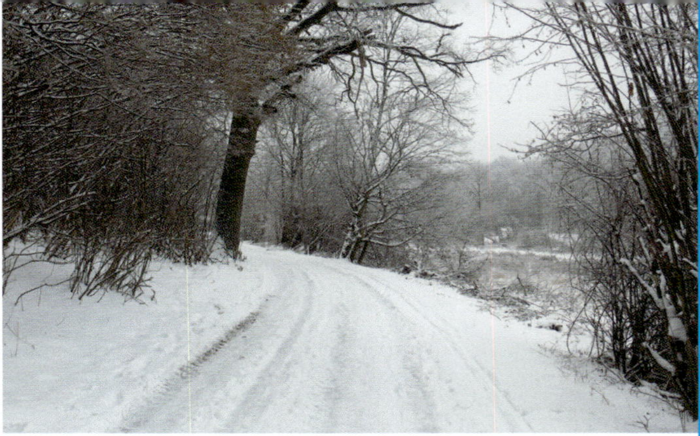

WANDERWERT FÜR KINDER

2-3 Jahre: Nur mit Kinderwagen. Spielplatz beim Gasthaus Goldenes Bründl.

4-6 Jahre: S.o. Für den Waldlehrpfad den Folder mit den Beschreibungen mitnehmen, der im Goldenen Bründl aufliegt.

INFOS/GASTSTÄTTEN:

• Gasthaus Goldenes Bründl, kleiner Spielplatz, Tel. 02266/80495, *www.goldenesbruendl.at*, Ruhetage: Mo, Di, Mi; • Gleich in der Nähe befindet sich die Burg Kreuzenstein mit Adlerwarte, *www.kreuzenstein.com*, geöffnet von April bis Oktober.

WEGBESCHREIBUNG:

Vom Parkplatz aus den Forstwegs links hinein (Wegweiser Michelberg). Nun immer die Forststraße entlang bis zur Abzweigung auf den Michelberg. Hier nicht auf den Michelberg, sondern umdrehen oder – je nach Lust und Ausdauer – noch ein Stück auf der Forststraße weiter. Der Weg führt dann aber in einen Wald und wird schmäler und schwieriger. Schließlich umdrehen und am gleichen Weg zurück zum Ausgangspunkt.

Waldlehrpfad: Vom Parkplatz aus dem Waldlehrpfad-Wegweiser folgen und die Forststraße bergauf gehen. Einige Zeit bergauf und danach ein Stück eben immer den Lehrpfadtafeln entlang. Der Weg biegt dann plötzlich nach rechts auf einen Waldweg ab und es geht ziemlich steil bergab. Wieder unten angekommen bei der nächsten Weggabelung nochmals rechts zurück zum Parkplatz.

30 Durch den **Prater**

leicht
7 km
2 h

Der Prater besteht nicht nur aus Riesenrad und Würstelbuden, vielmehr erstrecken sich hinter dem Vergnügungspark rund sechs Quadratkilometer Wiesen, Wälder und Wasserflächen. Durch die zentrale Lage im 2. Bezirk ist hier an schönen Wochenenden allerdings sehr viel los. Ein Plus für kalte Tage: Auch wenn kein Schnee liegt, wird ab minus zwei Grad der Rodelhügel auf der Jesuitenwiese beschneit.

Anforderung: Leicht; ebene Asphalt- und Schotterwege; bei Schnee geländegängiger Kinderwagen notwendig
Dauer: RW: 7 km, kein Höhenunterschied, 2 Std.
Wetter: Schönes Winter- und jedes Wanderwetter
Schatten: 75 Prozent
Kinderfahrrad: Die Prater Hauptallee ist für Radler – gerade auch für Anfänger – optimal geeignet.
Anfahrt Auto: A23 bis Knoten Prater. Dann die Schüttelstraße entlang und rechts in die Wittelsbachstr. einbiegen und mit der Parkplatzsuche beginnen. (Navi: 1020 Wien, Wittelsbachstraße)
Anfahrt öffentlich: Straßenbahnlinie 1 bis zur Endstation Prater Hauptallee.
Ausgangspunkt/P: Es gibt (an schönen Wochenenden sehr wenige) Parkplätze in der Rustenschacherallee. Vom Parkplatz einfach der Straßenbahnlinie 1 bis zur Endstation folgen, denn hier startet die Wanderung.

WANDERWERT FÜR KINDER:
2-3 Jahre: Der Prater ist ein tolles Ziel mit Kleinkindern. Die ganze Runde ist sicher zu lange, aber man kann ein Stück auf der Hauptallee und anschließend zur Jesuitenwiese gehen (dazu einfach von der Straßenbahn-Endstelle ein Stück gegen die Fahrtrichtung, aus der man gekommen ist, und dann bei der großen Wiese links). Die Spielplätze und großen Wiesen laden zu einem längeren Aufenthalt ein. Im Herbst ist es möglich, Kastanien zu sammeln und im Winter wird der Rodelhügel ab einer Temperatur von minus zwei Grad künstlich beschneit.
4-6 Jahre: S.o.

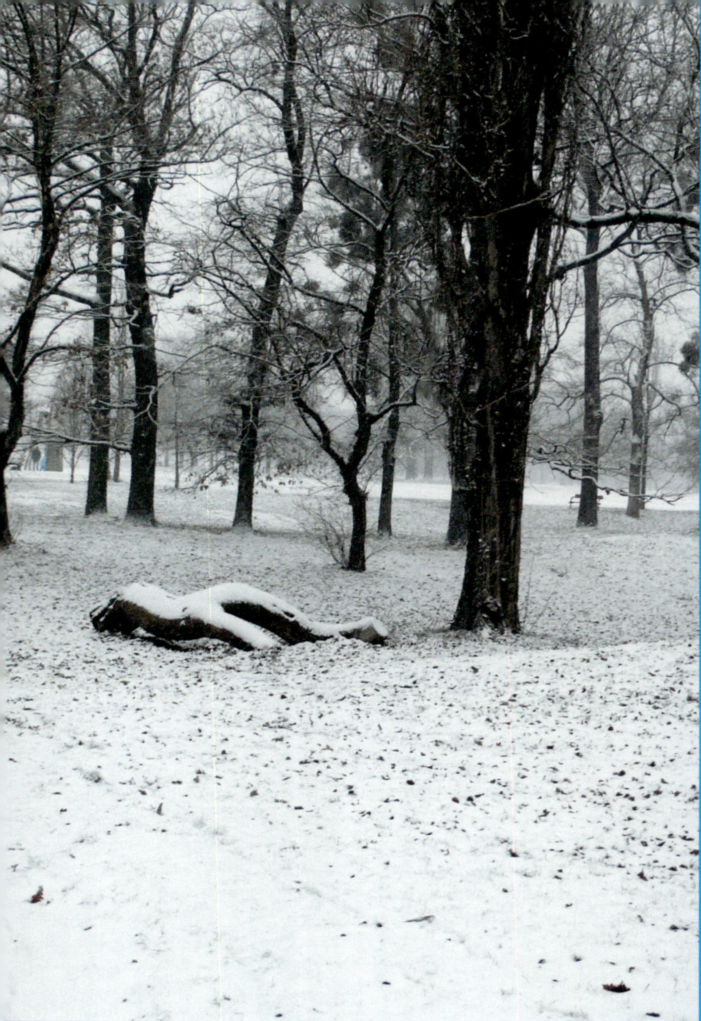

INFOS/GASTSTÄTTEN:

• Am Ende der Prater Hauptallee befindet sich das Lusthaus: Tel. 01/728 95 65, Ruhetag: Mi, im Winter: Mi, Do, Fr, *www.lusthaus-wien.at*.

WEGBESCHREIBUNG:

Von der Straßenbahn-Endstation noch ein kleines Stück in Fahrtrichtung gehen, dann gleich rechts in die Prater Hauptallee einbiegen und diese entlang. Auf Höhe des Stadionbades kommt man bei einem kleinen Spielplatz und einem Ententeich vorbei. Nach rund 2,3 Kilometern auf der Hauptallee schließlich links Richtung Schutzhaus Heustadlwasser abbiegen. (Anm: Sollte viel Schnee liegen, dann diesen Abstecher auslassen und geradeaus weiter zum Lusthaus spazieren, um hier wieder in die Route einzusteigen.) Beim Reitplatz vorbei und rechts in den „Waldweg" einbiegen. Diesen entlang und unter der Unterführung durch. Danach immer dem breiten Waldweg bis zum Lusthaus folgen. Beim Lusthaus in jenen Schotterweg einbiegen, der, von der Hauptallee aus gesehen, gleich rechts neben der Hauptallee beginnt und mit dem Wegweiser „U3 Erdberg" versehen ist. Bald wieder unter der Eisenbahnbrücke durch und bei der Kreuzung geradeaus Richtung Donauinsel. Dem Weg zur Donauinsel bis zur nächsten Unterführung folgen, nun aber danach nicht rechts abbiegen, sondern geradeaus weiter. Anschließend die Straße überqueren und in den mit einem Schranken versehenen Weg hinein. Die Tour führt jetzt am Rande einer Kleingartensiedlung und an einem Spielplatz vorbei. Noch einmal wird eine Straße überquert, um danach dem Schotterweg Richtung Praterstern zu folgen. Schließlich wird ein Hundebereich erreicht. Gleich nach den Hundeverbotstafeln links zur Jesuitenwiese mit den zwei Spielplätzen abbiegen. Am Ende der Wiese schließlich nach rechts zurück zum Ausgangspunkt.

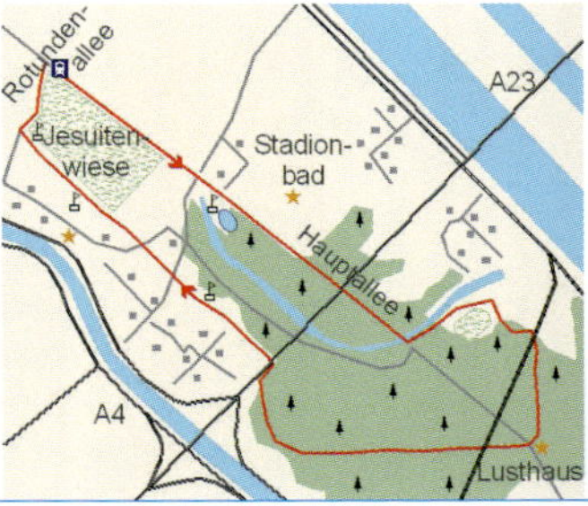

31 Der „tut gut“-Weg ins winterliche **Baden**

mittel
3 km
1 h

Diese Runde ist eine Wanderung mit gleich mehreren Vorteilen. Denn neben einem schönen, sehr gepflegten Weg und einer idyllischen Umgebung ist auch die Badener Innenstadt nicht weit. Vom Kurpark, der etwa bei Halbzeit der Tour erreicht wird, sind es nur wenige Minuten zur Fußgängerzone. Und an kalten Tagen ist es sehr gemütlich, sich hier in einem der Cafés aufzuwärmen oder eine Runde am Adventmarkt zu drehen.

Anforderung: Mittel; schöner, geschotterter Weg, allerdings zuerst ausschließlich bergab und die 2. Hälfte dann dementsprechend bergauf. Im Winter nur mit geländegängigem Kinderwagen und auf alle Fälle eine Bandschlinge oder ein kurzes Stück Seil zum Sichern bergab mitnehmen! Der Weg wird allerdings nur unter der Woche geräumt und bestreut, an den Wochenenden gibt es keinen Winterdienst. Daher bei viel Neuschnee nicht empfehlenswert.

Dauer: RW: ca. 3 km, 100 Höhenmeter, 1 Std.

Bestes Wetter: Bei jedem Wetter eine schöne Runde

Schatten: 75 Prozent

Kinderfahrrad: Nein

Anfahrt Auto: Auf der A2 bis zur Abfahrt Baden. Immer den Wegweisern Richtung Casino folgen. Beim Casino angekommen nach rechts in den Kaiser-Franz-Ring abbiegen. Kurz darauf nach links in die Welzergasse (Wegweiser zum Rudolfshof) und diese dann entlang bis zum Rudolfshof. (Navi: 2500 Baden, Gamingerberg 5 bzw. wenn das Navigationssystem diese Adresse nicht kennt: Welzergasse eingeben und diese dann bis zum Ende fahren.)

Anfahrt öffentlich: Es fahren regelmäßig Züge und Busse nach Baden. Vom Bahnhof zum Ausgangspunkt ist es allerdings recht weit. Eine Möglichkeit wäre daher, vom Bahnhof zum (gut beschilderten) Casino zu gehen und dort in

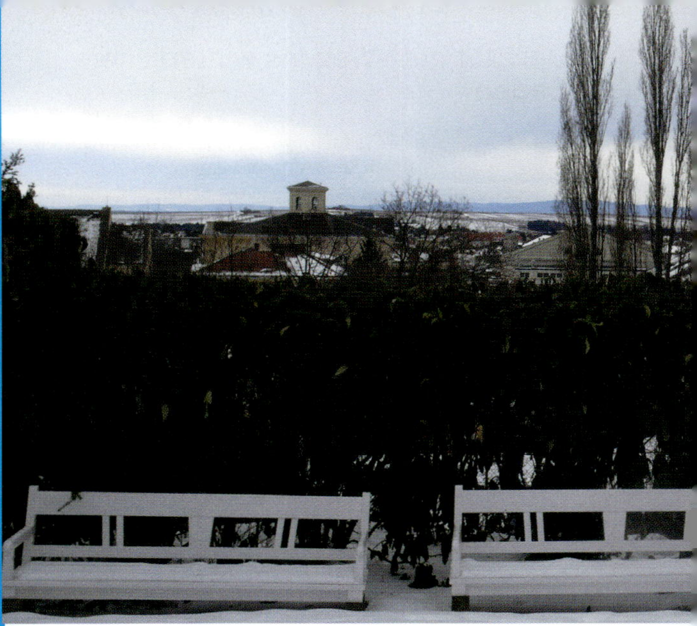

die Runde einzusteigen. Oder man nimmt den Regionalbus 360 vom Matzleinsdorfer Platz direkt zum Casino Baden.

Ausgangspunkt/P: P beim Restaurant Rudolfshof.

WANDERWERT FÜR KINDER

2-3 Jahre: Es gibt unterwegs ein Kleinkindklettergerüst mit Rutsche (im Kurpark) und Tiergehege mit u.a. Ziegen und Schafen. Kinderwagen mitnehmen, da es am Rückweg stetig bergauf geht.

4-6 Jahre: S.o.

INFOS/GASTSTÄTTEN:

• Restaurant Rudolfshof, Tel. 02252/209203, *www.rudolfshof.at*, Jänner und Februar geschlossen, Ruhetag: Mo, Di; • An kalten Wintertagen lohnt sich anschließend ein Abstecher in die Römertherme, *www.roemertherme.at*.

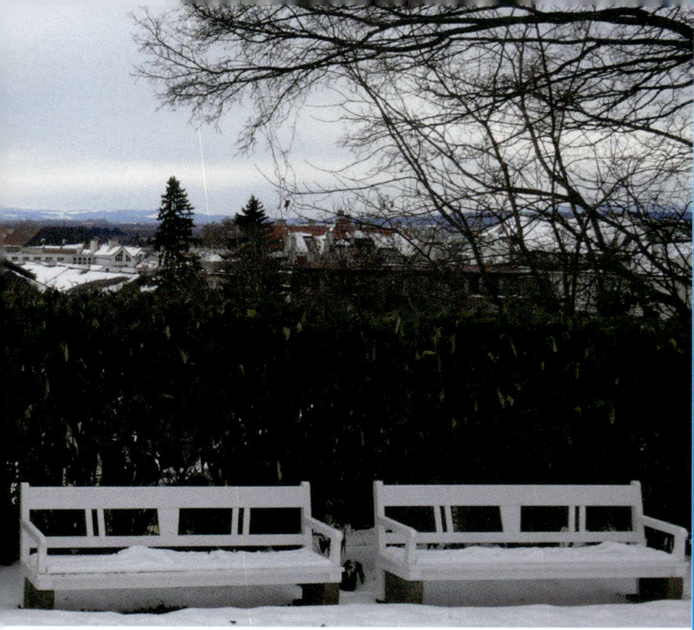

WEGBESCHREIBUNG:

Vorweg: Der Weg ist recht gut mit „Tut Gut – Route 2“- Wegweisern beschildert. Die Tour beginnt beim Parkplatz Rudolfshof. Von hier aus ein Stück die Straße, auf der man gekommen ist, zurück gehen. Dann den breiten Weg rechts hinein, der zunächst beim Hochbehälter und anschließend beim Aussichtspunkt Karolinenhöhe vorbeiführt. Danach immer bergab bis zum Kurpark. Den Kurpark den Wegweisern folgend durchqueren und auf der anderen Seite wieder bergauf. Bald werden die Tiergehege mit Schafen und Ziegen erreicht. Anschließend den breiten Weg immer weiter bergauf zurück zum Ausgangspunkt.

32 Schlittenwanderung zur **Wilhelm Eichert-Hütte** (1065 m) auf der Hohen Wand

schwer
6 km
1 h 30 min

Zunächst führt diese Wanderung auf einer Forststraße durch recht dichten Wald, doch plötzlich wird die Hohe Wand ihrem Namen gerecht. Denn bei der Wilhelm Eichert-Hütte fällt das Gelände steil ab und es bietet sich eine herrliche Aussicht auf Schneeberg, Wechselgebiet und die Ebene Richtung Wiener Neustadt. Die Wanderung verläuft auf einer Forststraße, die im Winter geräumt wird, dennoch sollte die Höhe bei der Tourenplanung immer mitbedacht werden, da es doch deutlich kälter und windiger sein kann als in Wien. Dafür ist es hier aber auch oft sonnig, während Wien unter einer Nebeldecke verschwindet.

Anforderung: Im Winter mit dem Schlitten: schwer, da konditionsraubend; ohne Schnee: leicht bis mittel; schöne Forststraße, sanftes Bergauf und Bergab.

Dauer: Hin und retour: ca. 6 km, rund 60 Höhenmeter, 1,5 Std.

Bestes Wetter: Schönes Winter- bzw. Wanderwetter. Die Forststraße wird im Winter geräumt, allerdings aufgrund starker Verwehungen ist sie an sehr windigen Tagen nicht frei. Im Zweifelsfall besser vor der Abreise auf der Wilhelm Eichert-Hütte telefonisch (siehe Infos) die Wegbeschaffenheit und Wetterverhältnisse erfragen.

Schatten: 100 Prozent

Kinderfahrrad: Nein

Anfahrt Auto: A2 bis Wiener Neustadt West. Links Richtung Weikersdorf abbiegen und dort dann weiter nach Winzendorf. Über Gaaden und Stollhof zur Hohen Wand (immer den grünen „Naturpark Hohe Wand“-Wegweisern folgen). Hier die Mautstraße entlang bis aufs Plateau. Links abbiegen Richtung Kleine Kanzel/Bromberg. Der Kleinen-Kanzel-Straße bis zum Gasthof Kleine Kanzel (die Straße endet hier) folgen. (Navi: 2724 Hohe Wand, Kleine Kanzelstraße 144)

Anfahrt öffentlich: Öffentlich nicht erreichbar.

Ausgangspunkt/P: P beim Gasthof Kleine Kanzel. Von hier links am Gasthof vorbei in die Forststraße mit Schranken hinein.

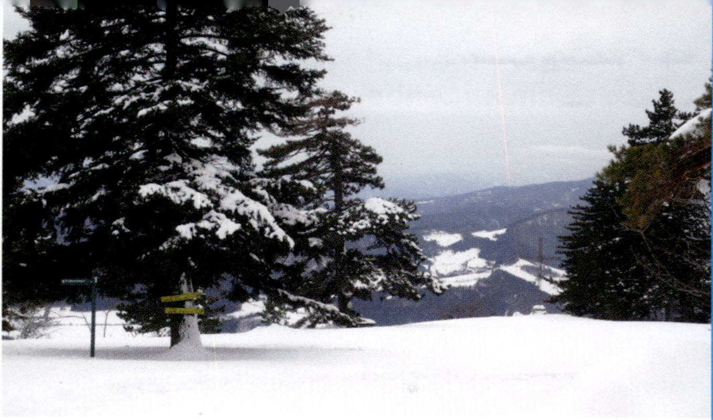

WANDERWERT FÜR KINDER

2-3 Jahre: Mit Kinderwagen bzw. Rodel gut geeignet. Gleich in der Nähe (ein Stück mit dem Auto die Straße zurück, auf der man gekommen ist) befindet sich der „Spiel- und Spaßberg" mit großem Spielplatz und Tiergehegen.
4-6 Jahre: S.o.

INFOS/GASTSTÄTTEN:

• Naturpark Hohe Wand, an Wochenenden und Feiertagen mautpflichtig, Wanderkarten sind in den Gasthäusern oder in der Mautstelle erhältlich, Tel. 02638/88545, *www.naturpark-hohewand.at*; • Gasthof Kleine Kanzel (1092 m), rechts vom Gasthof befindet sich ein schöner Aussichtspunkt, im Winter gibt es hier eine Rodelwiese, Tel. 02638/88216, Ruhetag: Di, Mi;
• Wilhelm Eichert-Hütte, tolle Aussicht, Tel. 02637/2258, ganzjährig geöffnet, Ruhetag: Mo.

WEGBESCHREIBUNG:

Links beim Gasthof Kleine Kanzel vorbei und unter dem Schranken durch auf die Forststraße. Diese immer entlang. Nach einiger Zeit erreicht man mehrere Häuser und Hütten, das „Wanddörfl". (Bis hierher ist der Weg auch mit einem geländegängigen Kinderwagen befahrbar, da er geräumt wird. Danach wird allerdings nicht mehr regelmäßig geräumt, sodass ein Vorwärtskommen mit dem Kinderwagen nicht möglich ist).
Bei der Abzweigung im „Wanddörfl" links Richtung Wilhelm Eichert-Hütte. Bei der nächsten Kreuzung rechts und dann ein Stück steiler bergauf bis zur Hütte. Selber Hin- wie Rückweg.

33 Spazieren und Spielen im **Schwarzenbergpark**

leicht
5,3 km
1 h 30 min

Der Schwarzenbergpark ist ein Park für alle Fälle. Egal ob die Sonne scheint, es regnet oder Schnee liegt, egal ob man wandern, rodeln oder die Zeit doch lieber am Spielplatz verbringen will, hier ist (fast) alles bei (fast) jedem Wetter möglich. Das 80 Hektar große Areal, das direkt in den Wienerwald übergeht, liegt im 17. Bezirk. Landschaftlich reizvoll ist die Schwarzenbergallee, durch die man von der Straßenbahnhaltestelle in den Park gelangt.

Anforderung:	leicht bis zum Teich – von der Straßenbahnhaltestelle bis zum Beginn der Allee geht es allerdings 300 m bergauf. Nach dem Teich wird es allerdings ein bisschen schwerer, da es länger bergauf geht. Der Weg ist durchgehend asphaltiert.
Dauer:	5,3 km, 60 Höhenmeter, ca. 1,5 Std.
Wetter:	Schönes Winter- und jedes Wanderwetter
Schatten:	100 Prozent
Kinderfahrrad:	Das Stück von der Jausenstation zum Teich (rund 1 km) eignet sich sehr gut fürs Kinderfahrrad, da es nur leicht bergauf bzw. bergab geht und asphaltiert ist. Die restliche Route ist zu hügelig.
Anfahrt Auto:	Die Dornbacher Str. bis zur Neuwaldegger Str. und weiter bis zur Kreuzung mit der Höhenstraße. Der Eingang zum Schwarzenbergpark befindet sich gegenüber der Marswiese. (Navi: 1170 Wien, Sportanlage Marswiese)
Anfahrt öffentlich:	Mit der Straßenbahnlinie 43 bis zur Endstation Neuwaldegg.
Ausgangspunkt/P:	Endstation Straßenbahnlinie 43 (bei öffentlicher Anreise) bzw. Start bei der Jausenstation bei Anreise mit dem Auto (der Weg verkürzt sich so aber um insgesamt 2,5 km). Parkplätze sind entlang der Straße in der Nähe des Eingangs vorhanden.

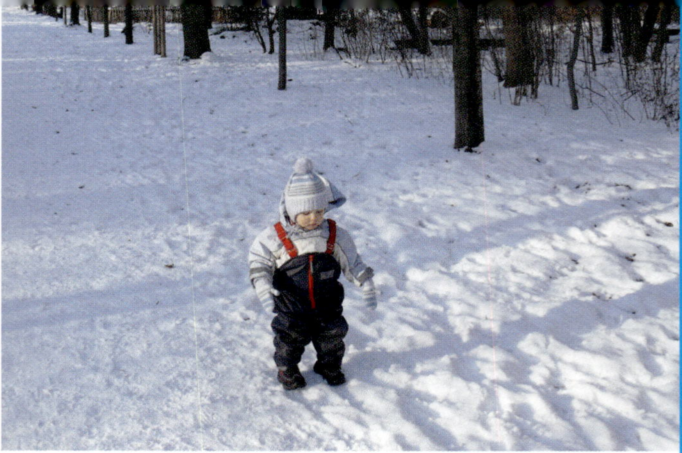

WANDERWERT FÜR KINDER:

2-3 Jahre: Gleich nach der Jausenstation gibt es einen großen Spielplatz direkt am Bach, viele Wiesen zum Toben, Kletterbäume, im Winter Hügel zum Rodeln; Kinderwagen oder Buggy mitnehmen

4-6 Jahre: S.o., im Winter wird eine Langflaufloipe gespurt

INFOS/GASTSTÄTTEN:

Es gibt eine Jausenstation entlang des Weges. Von Frühling bis Herbst ist sie täglich geöffnet, im Winter nur an den Wochenenden.

WEGBESCHREIBUNG:

Bei der Endstelle der Linie 43 die Straße überqueren und die Waldegghofgasse links hinein. Nun ca. 300 Meter bergauf, dann dem Wegweiser Stadtwanderweg 3 nach rechts folgen. Die Allee entlang, am Ende durch die Unterführung und schon ist man bei der Jausenstation. (Wer mit dem Auto anreist, beginnt erst hier mit der Wanderung). Geradeaus weiter kommt man kurz danach am Spielplatz vorbei und schließlich zum Ententeich. Vor dem Teich rechts abbiegen und ein längeres Stück bergauf. Bei der nächsten Kreuzung in die entgegengesetzte Richtung des Stadtwanderweges 3 gehen, also rechts abbiegen. Nun auf dem Asphaltweg bis zur Höhenstraße. Hier rechts abbiegen und ein kurzes Stück am Gehsteig spazieren, um wieder zur Jausenstation zu gelangen. Von hier aus auf demselben Weg zurück zur Straßenbahn.

34 Schlittenwanderung am **Jauerling (960 m)**

schwer
3,5 km
1 h

Der Jauerling ist mit seinen 960 Metern der Hausberg der Wachau. Da es in der Nähe keine anderen Berge in dieser Höhe gibt, ist die Aussicht von der Aussichtswarte an schönen Tagen dementsprechend toll: Denn dann reicht sie von den Karpaten bis zum Ötscher und sogar zum Watzmann. Und auch das Wachau-Panorama von der Terrasse des Naturparkhauses, das sich bei etwa der Hälfte der Runde befindet, ist wunderschön. Der Weg selbst ist sowohl im Sommer, als auch im Winter lohnenswert. Im Winter allerdings unbedingt den Schlitten nehmen, da ein Großteil des Weges nicht geräumt wird.

Anforderung: Schwer, da konditionsraubend sowohl mit der Rodel als auch mit dem Kinderwagen. Mit dem Kinderwagen, weil ein kleines Stück des Waldweges (ca. 10 Min.) ziemlich holprig ist (geländegängiger Kinderwagen notwendig), mit der Rodel, weil es vor dem Naturparkhaus steil bergab und danach steil bergauf geht.

Dauer: RW: 3,5 km, 50 Höhenmeter, 1 Std.

Wetter: Schönes Winter- bzw. Wanderwetter; bitte vor allem im Winter beachten: Es ist hier oft deutlich windiger und damit auch kälter als im Tal!

Schatten: 50 Prozent

Kinderfahrrad: Nein

Anfahrt Auto: Auf der A1 bis Melk. In Melk über die Donaubrücke und anschließend beim Kreisverkehr Richtung Krems, Spitz. In Schallemmersdorf links nach Maria Laach, Jauerling abbiegen. Immer den Wegweisern auf den Jauerling bzw. zum Naturparkhaus folgen. Am Skilift vorbei weiter nach Oberndorf und hier auf den P2 bei der Aussichtswarte. (Navi: 3620 Maria Laach am Jauerling, Oberndorf)

Anfahrt öffentlich: Nicht möglich

Ausgangspunkt/P: P2, also jener Parkplatz, der sich bei der Bergstation des Schleppliftes gleich in der Nähe der Aussichtswarte befindet.

WANDERWERT FÜR KINDER

2-3 Jahre: Empfehlenswert mit Kinderwagen bzw. Schlitten. Bei der Aussichtswarte gibt es einen Spielplatz und eine große Wiese zum Herumtoben. Auf dem Weg zum Naturparkhaus befindet sich auch eine rodeltaugliche Wiese.
4-6 Jahre: S.o.

INFOS/GASTSTÄTTEN:

• Allgemeine Infos zum Naturpark Jauerling: *www.naturpark-jauerling.at*; • Hans Pichler-Naturparkhaus, herrliche Aussicht auf die Wachau, Tel. 02713/30017, *www.naturpark-gasthaus.at*; • Aussichtswarte Jauerling mit Buffet, Tel. 02713/2755, von April bis Oktober täglich geöffnet, im Winter bei Schönwetter und am Wochenende; • In der Nähe befindet sich der Dinosaurier- und Märchenpark Hubhof, Erlebnispark mit u.a. lebensgroßen Dinosauriern, Märchenwald und Spielplatz, Tel. 02712/241, *www.hubhof.at*, im Winter geschlossen; • Skilift am Jauerling, ein Schlepplift mit Schneekanonen, *www.jauerling.at*.

WEGBESCHREIBUNG:

Vom Parkplatz aus zunächst zur Aussichtswarte. Vor der Warte startet der „Tut Gut"-Wanderweg Route 1. Diesem immer folgen. Dazu zunächst die Wiese überqueren und anschließend ein kurzes Stück

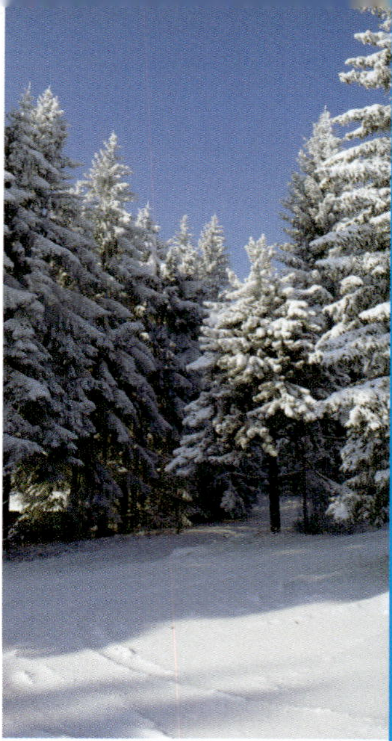

durch den Wald. In die Forststraße rechts einbiegen. Schließlich wird der Naturparkhaus-Parkplatz erreicht. Hier links in den Asphaltweg hinein und danach gleich rechts abbiegen. Nun durch den Wald steil bergab bis zum Naturparkhaus mit traumhafter Aussicht. Danach am Naturparkhaus links vorbei wieder bergauf bis zum Naturparkhaus-Parkplatz. Von hier aus auf dem gleichen Weg wie auf dem Hinweg zurück zur Aussichtswarte.

Ausflugsziele

Es gibt Kinder, die sobald sie laufen können, nicht mehr gerne im Kinderwagen bleiben. Damit dennoch nicht auf einen abwechslungsreichen Ausflug in die Natur verzichtet werden muss, sind in diesem Kapitel besonders schöne Ziele mit direkter Zufahrt beschrieben. Außerdem gibt es an diesen Plätzen nette Gasthäuser und genügend kindergerechten Platz zum Toben. Zusätzlich wird bei vielen Ausflugszielen eine Wanderung für all jene vorgeschlagen, die sich dann noch die Beine vertreten möchten.

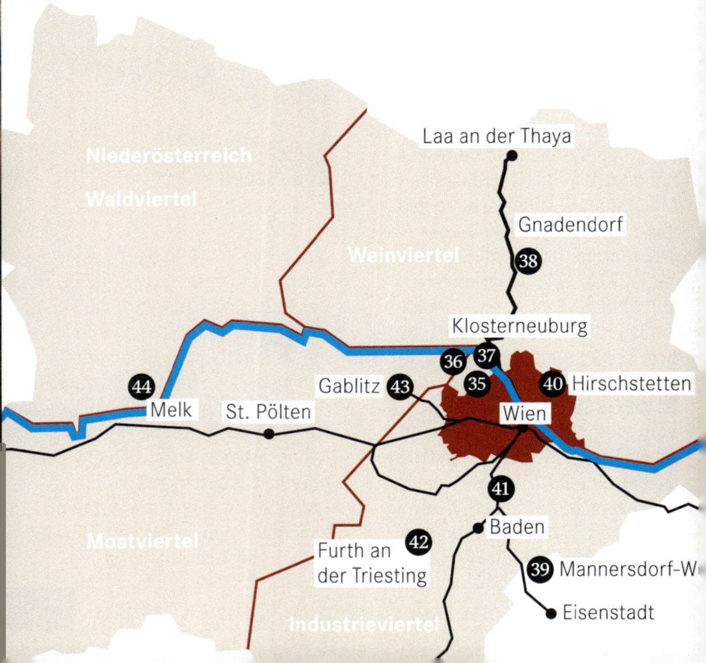

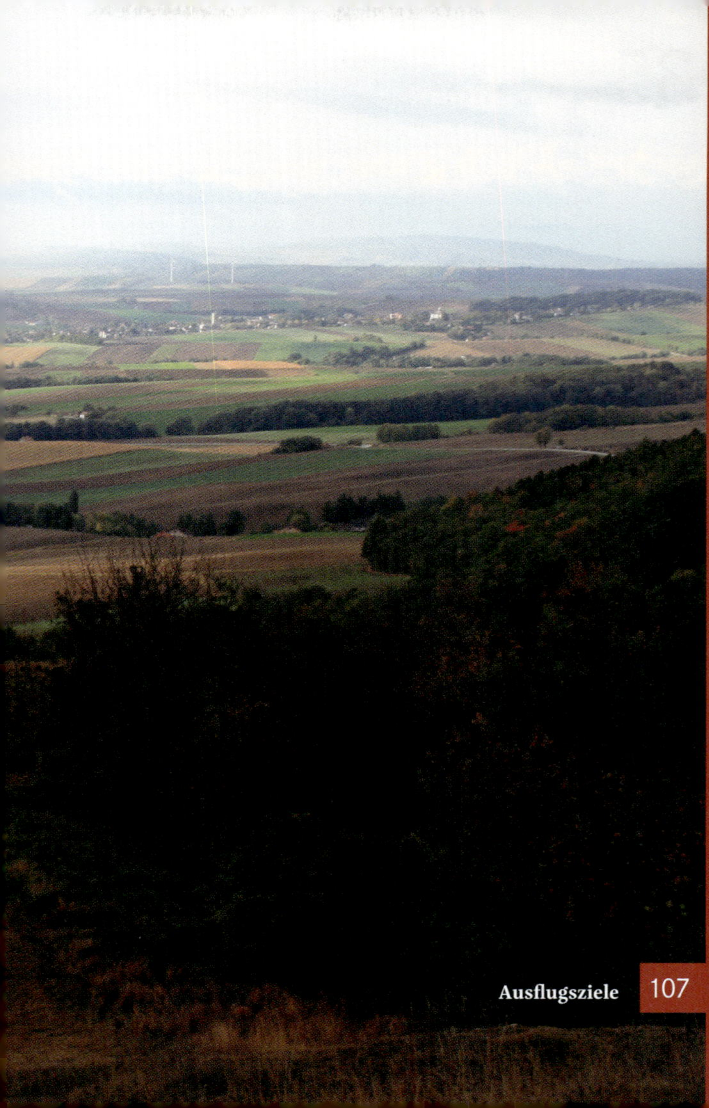

35 „Am Himmel“ – abwechslungsreich

Der Lebensbaumkreis macht den „Himmel“ zu einem einzigartigen Ausflugsziel in Wien. 40 verschiedene Lebensbäume (jedem Geburtsdatum kann ein Baum mit bestimmten Eigenschaften zugeordnet werden) inklusive Informationstafeln wurden 1997 hier gepflanzt. Lohnend ist auch der kurze Spaziergang zur renovierten Sissi-Kapelle. Weiters bietet der „Himmel“ einen liebevoll angelegten, großen Natur-Spielplatz, einen netten Blick auf Wien und ein Café. Am schönsten ist es an warmen, bewölkten Tagen, da es keine schattenspendenden Bäume gibt und oft sehr windig ist.

Anforderung: Direkte Zufahrt; Spaziergang: leicht.
Dauer: Direkte Zufahrt; Spaziergang: 1,5 km, kaum Höhenunterschied, 20 Min.
Wetter: Warmes, aber keinesfalls zu heißes Wetter, denn es gibt keinen Schatten. Im Winter ist es hier oft sehr windig.
Schatten: 0 Prozent
Kinderfahrrad: Nein, der Schotter am Weg ist zu tief.
Anfahrt Auto: Die Höhenstraße bis zur Ecke Himmelstraße (in der Nähe vom Cobenzl). Hier gibt es Parkplätze. (Navi: 1190 Wien, Am Himmel)
Anfahrt öffentlich: Mit dem 38A ab Heiligenstadt bis zum Parkplatz Cobenzl. Am Weingut Cobenzl vorbei und entlang der Höhenstraße bis zur Kreuzung mit der Himmelstraße. Wegweiser „Am Himmel“ folgen (ca. 700 Meter).
Ausgangspunkt/P: Es gibt Parkplätze in der Himmelstraße. Zum groß beschilderten Eingang „Am Himmel“ gehen. Das Café ist gleich sichtbar. Der Spielplatz befindet sich rechts davon.

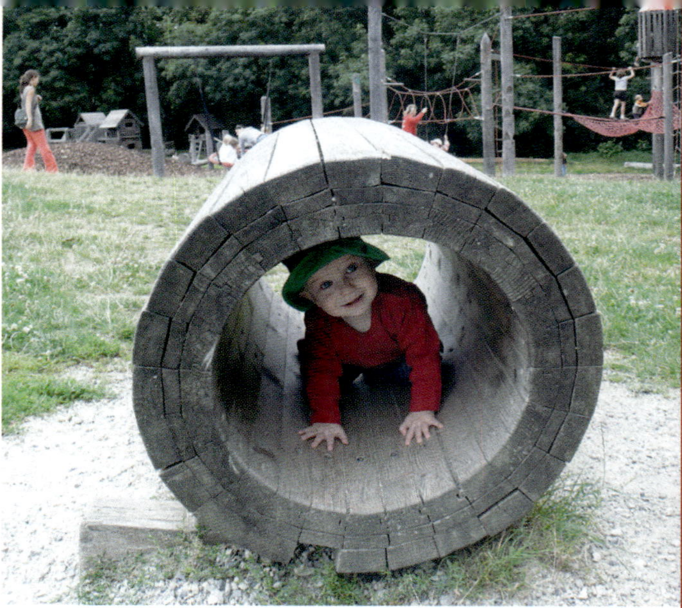

WANDERWERT FÜR KINDER:

2-3 Jahre: Sehr gut geeignet. Toller Spielplatz mit vielen Klettermöglichkeiten; es gibt eine große, drachensteigtaugliche Wiese.
4-6 Jahre: S.o.

INFOS/GASTSTÄTTEN:

- Café-Restaurant Oktogon, Ruhetag: Mo und Di, *www.himmel.at.*

WEGBESCHREIBUNG ZUR SISI-KAPELLE:

Beim Eingang am Schotterweg rechts zum Spielplatz. Jetzt aber nicht zum Spielplatz abbiegen, sondern geradeaus weiter bis zum Lebensbaumkreis. Den Lebensbaumkreis entlang, bis ein Weg ein kleines Stück bergab geht und auf einen weiteren Schotterpfad trifft. Nach rechts zur Sissi-Kapelle. Den Schotterweg zurück, aber nicht mehr zum Lebensbaumkreis, sondern einfach geradeaus weiter retour zum Eingang.

36 **Windischalm** - erholsam

Da die Windischalm nur auf 497 Metern Höhe liegt, ist sie natürlich nicht vergleichbar mit Almen in den Alpen. Dennoch ist es ein ruhiges, grünes Plätzchen zum Verbringen einiger erholsamer Stunden in der unmittelbaren Nähe Wiens. Es gibt sowohl eine Wiese mit Picknicktisch und Spielplatz als auch das Gasthaus Windischhütte mit nettem Gastgarten. Für alle, die zusätzlich Lust auf eine Wanderung haben, stehen außerdem zwei Routen zur Auswahl: der kurze „Autofahrer Gesundheitsweg", ein Fitnessparcours durch den Wald und die etwas längere Tour zur Gsängerhütte.

Anforderung: Direkte Zufahrt; Wanderung Gsängerhütte: mittel, meist gute Forststraße, von der Gsängerhütte zurück ein kurzes Stück schwer, da Wiesenweg und danach stetig bergauf; Autofahrer Gesundheitsweg: leicht, aber teilweise holpriger Weg quer durch den Wald; geländegängiger Kinderwagen notwendig.

Dauer: Wanderung zur Gsängerhütte: ca. 3 km, 100 Höhenmeter, rund 1 Std.; Gesundheitsweg: ca. 1 km, 15 Stationen.

Wetter: Schönwetter

Schatten: 75 Prozent

Kinderfahrrad: Nein

Anfahrt Auto: Von Neuwaldegg die Exelbergstraße und weiter die Tullner Str. entlang. Nach Scheiblingstein rechts in die Weidlingbachstr. und danach links nach Steinriegel. Ab hier ist der Weg zur Windischhütte gut beschildert. (Navi: 3400 Klosterneuburg, Windischhütte 30)

Anfahrt öffentlich: Unkomplizierter mit dem Auto erreichbar. Es gibt aber die Möglichkeit mit dem Regionalbus 239 von Heiligenstadt nach Maria Gugging und von dort weiter mit dem Bus 340 direkt auf die Windischalm zu gelangen.

Ausgangspunkt/P: P vor dem Gasthaus Windischhütte.

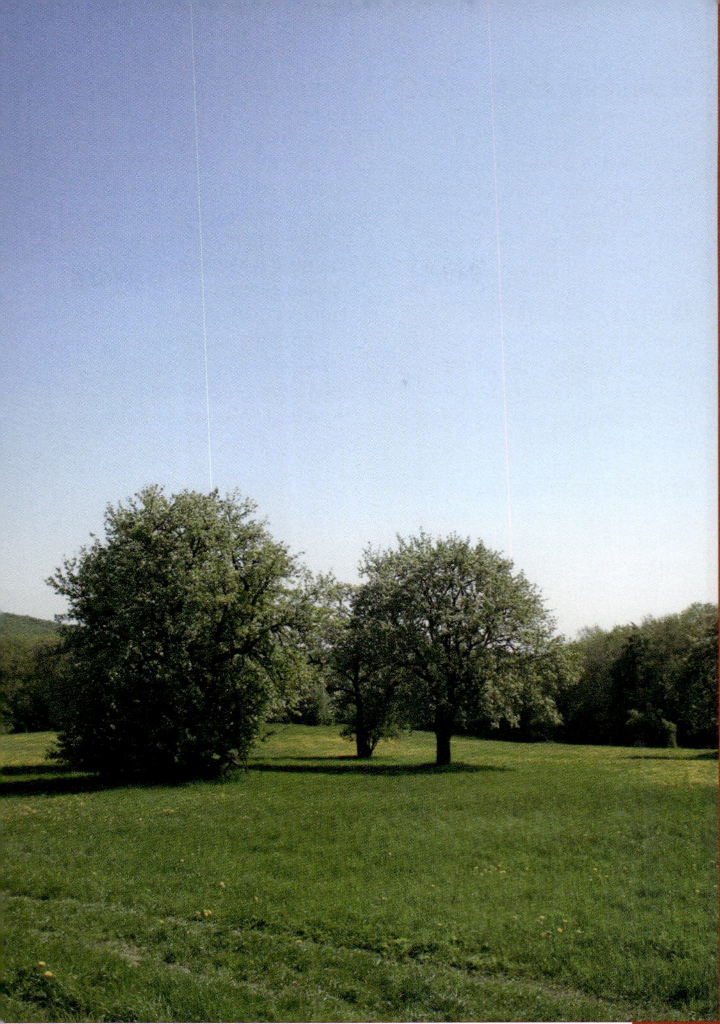

WANDERWERT FÜR KINDER:

2-3 Jahre: Kleiner Spielplatz, Wald und eine Wiese zum Toben

4-6 Jahre: S.o.; der etwas über 1 km lange „Autofahrer Gesundheitsweg“ mit 15 nahe zusammen liegenden Stationen lädt zum Wandern und Turnen ein.

INFOS/GASTSTÄTTEN:

Gasthaus Windischhütte, schöner, teilweiser schattiger Gastgarten, Tel. 02243/30444, *www.members.aon.at/windischhuette/*, Ruhetage: Mo, Di

WEGBESCHREIBUNG:

Am Gasthaus Windischhütte rechts vorbei. Den Asphaltweg ein Stück entlang und schon wird die Wiese mit Picknicktisch und Spielplatz erreicht. Kurz darauf geht der Asphalt- in einen Forstweg über. Hier startet auch der „Autofahrer Gesundheitsweg“. (Gleich bei der Infotafel links in den Wald abbiegen und dann immer den Wegweisern folgen). Zur (unbewirtschafteten) Gsängerhütte den Forstweg ein kleines Stück weiter und bei der Abzweigung rechts halten. Immer wieder kommt man auf der Forststraße an Stationen des Gesundheitsweges vorbei. Nach Station 15 dem Wegweiser Richtung Gsängerhütte folgen, also links halten. Bei der nächsten Abzweigung wieder links in den Forstweg mit Fahrradfahrverbot. Innerhalb kurzer Zeit gelangt man zur Hütte. Entweder auf dem gleichen Weg zurück oder - nur mit geländegängigem Kinderwagen - auf der Wiese (weiß-blau-weiße Markierung) vor der Hütte dem Weg nach links in den Wald hinein folgen. Der Wiesenweg geht bald in einen Waldweg über, der schließlich wieder auf eine Forststraße trifft. Diese nach links einbiegen und auch bei der nächsten Abzweigung nach links. Ab jetzt bergauf zurück zum Ausgangspunkt.

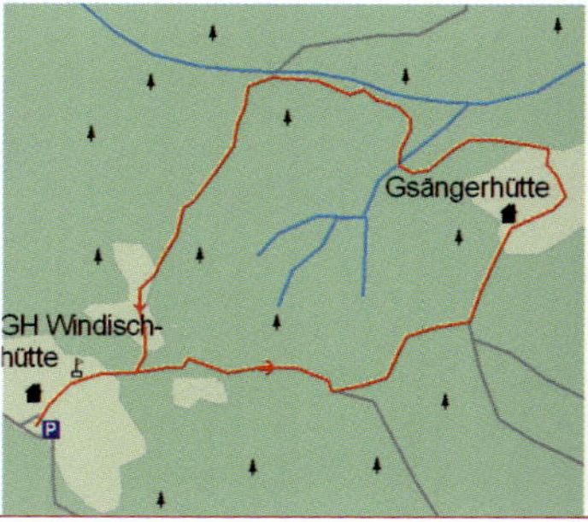

37 Unser Weidlinger – genussvoll

Ein malerischer Gastgarten am Hang unter Bäumen für die Großen und ein schöner Spielplatz, der von den Tischen aus eingesehen werden kann, für die Kleinen, machen den Heurigen Weidlinger bei Klosterneuburg zu einem familienfreundlichen Ausflugsziel. Auf dem Spielplatz gibt es nicht nur Rutschen, Schaukeln, Kletterbäume und Ballspielbereiche, sondern auch Tiergehege mit Eseln, Schafen und Gänsen. (Bitte Öffnungszeiten beachten, Näheres unter Infos).

Anforderung: Direkte Zufahrt
Dauer: Direkte Zufahrt
Wetter: Schönes Ausflugswetter
Schatten: 50 Prozent
Kinderfahrrad: Nicht geeignet
Anfahrt Auto: B14 (Klosterneuburger-Bundesstraße) nach Klosterneuburg. Nach der Ortseinfahrt auf der Wiener Straße weiter bis zum Bahnhof Klosterneuburg-Weidling. Links in die Weidlinger Str. abbiegen. Diese geht in die Brandmayerstraße über. Bei der Kirche links in die Hauptstraße und danach den Hinweisschildern folgend immer geradeaus. (Navi: 3400 Klosterneuburg, Hauptstraße 190)
Anfahrt öffentlich: Mit der S40 ab Spittelau bis Klosterneuburg-Weidling, weiter mit dem Regionalbus 241 (Fahrzeiten beachten und gut planen, da der Bus nicht besonders oft fährt!) bis Haltestelle Schwedenheim.
Ausgangspunkt/P: P gegenüber vom Eingang zum Heurigen.

WANDERWERT FÜR KINDER:
2-3 Jahre: Ideal. Beschreibung s.o.
4-6 Jahre: Sehr gut geeignet. S.o.

INFOS/GASTSTÄTTEN:
• Unser Weidlinger, Hauptstraße 190, 3400 Klosterneuburg-Weidling, gutes Heurigenessen, Saison Juli bis Ende Sept., Fr ab 16 Uhr, Sa, So ab 12 Uhr, auch außerhalb der Saison fallweise geöffnet (am besten anrufen oder im Internet schauen, Tel. 02243/33933) *www.unserweidlinger.at.*

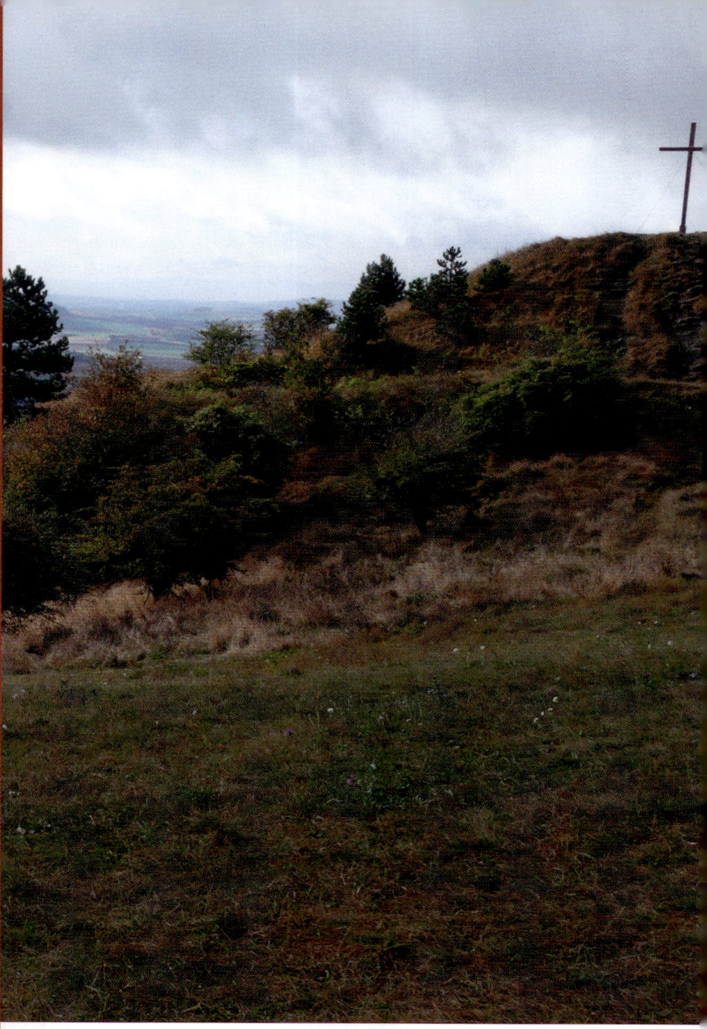

38 **Buschberghütte** in den Leiser Bergen – gemütlich

Die Buschberghütte befindet sich gerade einmal auf 480 Metern und ist damit die am niedrigsten gelegene Alpenvereinshütte Österreichs. Dennoch ist der Buschberg selbst mit 491 Metern die höchste Erhebung im Naturpark Leiser Berge. Wohl auch aus diesem Grund steht neben der Hütte eine eindrucksvolle, schon von weitem sichtbare Radarstation der Austro Control.

Zur Hütte selbst gehören ein netter Gastgarten unter Bäumen und ein kleiner Spielplatz. Gleich in der Nähe befinden sich das Buschberg-Gipfelkreuz und eine Wiese, von der aus man eine herrliche Aussicht über das Weinviertel und an schönen Tagen sogar hin bis zum Wiener Becken hat.

Anforderung: Mittel; es sind vom Parkplatz zwar nur rund 10 Minuten auf einer Asphaltstraße bis zur Hütte, diese 10 Minuten geht es allerdings bergauf. Der Weg zum Gipfelkreuz ist mit dem Kinderwagen nicht machbar. Wer hin spazieren möchte, sollte also unbedingt eine Tragehilfe mitnehmen.

Dauer: Vom Parkplatz zur Hütte: 600 Meter, 40 Höhenmeter, 10 Minuten; von der Hütte zum Gipfelkreuz ca. 5 Minuten.

Schatten: 75 Prozent

Kinderfahrrad: Nein

Wetter: Klassisches, schönes Wanderwetter und auch im Sommer ein nettes Ziel.

Anfahrt Auto: Auf der A22 bis Korneuburg West, dann den Wegweisern nach Ernstbrunn folgen. In Ernstbrunn weiter Richtung Mistelbach. Kurz nach Thomasl kommt eine Abzweigung. Hier links nach Niederleis. Durch Niederleis den grünen Wegweisern auf den Buschberg folgend weiter Richtung Gnadendorf. Auf dieser Straße taucht dann auf der linken Seite ein Parkplatz auf.

Anfahrt öffentlich: Nicht möglich.

Ausgangspunkt/P: Parkplatz auf der linken Seite an der Straße von Niederleis nach Gnadendorf. Hier startet die mit einem Schranken versehene Straße zur Hütte.

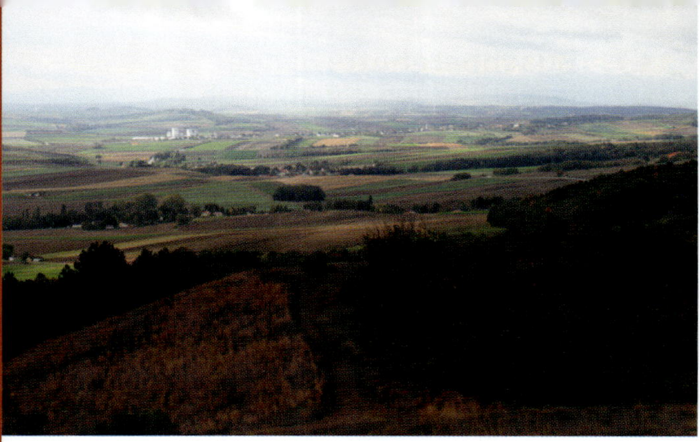

WANDERWERT FÜR KINDER

2-3 Jahre: Geeignet. Es gibt einen kleinen Spielplatz mit Schaukeln und Sandkiste. Interessanter ist vielleicht die Möglichkeit, den umliegenden, teilweise aber recht steilen Wald zu erforschen. Vor der Hütte links befindet sich eine größere Wiese, die ebenfalls zum Spielen einlädt.

4-6 Jahre: S.o. Weiters werden bei der Buschberghütte (kostenpflichtige) Schatzgräberlager veranstaltet. Mit einer Karte ausgerüstet suchen die Kinder einen Nachmittag lang einen verborgenen Schatz. (Anmeldung und Auskunft: Tel. 02577/84060)

INFOS/GASTSTÄTTEN:

• Buschberghütte, die am niedrigsten gelegene Alpenvereinshütte, netter, schattiger Gastgarten, kleiner Spielplatz, Tel. 02525/20524, geöffnet: ganzjährig, Ruhetag: Di, im Winter: Di, Mi; • In unmittelbarer Nähe befindet sich der Tierpark Ernstbrunn. Tel. 02576/2785, *www.wildpark-ernstbrunn.at*, geöffnet: Palmsonntag bis Allerheiligen täglich außer Montag, im Winter nur an So und Feiertagen; • Für größere Kinder: In Ernstbrunn werden Draisinenfahrten auf einer aufgelassenen Bahnstrecke angeboten.
www.weinvierteldraisine.at.

WEGBESCHREIBUNG:

Vom Parkplatz aus die breite Asphaltstraße bergauf bis zur Hütte. Um zum Gipfelkreuz zu gelangen, kurz vor der Hütte dem Wegweiser nach links folgen.

39 Zum **Kloster St. Anna** in der „Wüste“ – malerisch

Das Areal des ehemaligen Klosters St. Anna im Naturpark Mannersdorf-Wüste ist eigentlich kein typisches Ausflugsziel, da ein kleines Stück zu Fuß zurückgelegt werden muss und es direkt beim Kloster keine Einkehrmöglichkeit gibt. Trotzdem ist dieser – zwar gar nicht wüstenähnliche, aber wunderschöne – Ort einen Besuch wert. Vielmehr laden statt Sanddünen große Wiesen und alte Bäume zum Verweilen und Picknicken ein. Wer dennoch lieber einkehrt, hat im Restaurant Arbachmühle direkt beim Ausgangspunkt Gelegenheit dazu.

Anforderung: Leicht; fast ebener, breiter Schotterweg; Rundwanderung: mittel; der letzte Teil der Runde führt über holprige Waldwege.

Dauer: Zum Kloster hin und retour: 2,8 km, 20 Höhenmeter, 40 Minuten; Rundwanderung ab/bis Kloster: ca. 3,5 km, 60 Höhenmeter, 1 Std.

Wetter: Schönes Ausflugswetter

Schatten: 50 Prozent

Kinderfahrrad: Ja, bis zum Kloster. Allerdings nicht für Anfänger, da Schotterweg.

Anfahrt Auto: Auf der A4 bis zur Abfahrt Fischamend. Weiter nach Fischamend und bei der Ampel nach links (B60) über Enzersdorf und Götzendorf nach Mannersdorf. Durch den Ort und weiter Richtung Hof. Schließlich links kurz vor dem Restaurant Arbachmühle auf den Parkplatz (grüner Wegweiser: Naturpark Mannersdorf-Wüste).

Anfahrt öffentlich: Vom Südtiroler Platz mit dem ÖBB-Postbus nach Stotzing bis zur Haltestelle „Mannersdorf Arbachmühle“.

Ausgangspunkt/P: Parkplatz hinter dem Gasthaus Arbachmühle. Hier beginnt auch der breite Schotterweg.

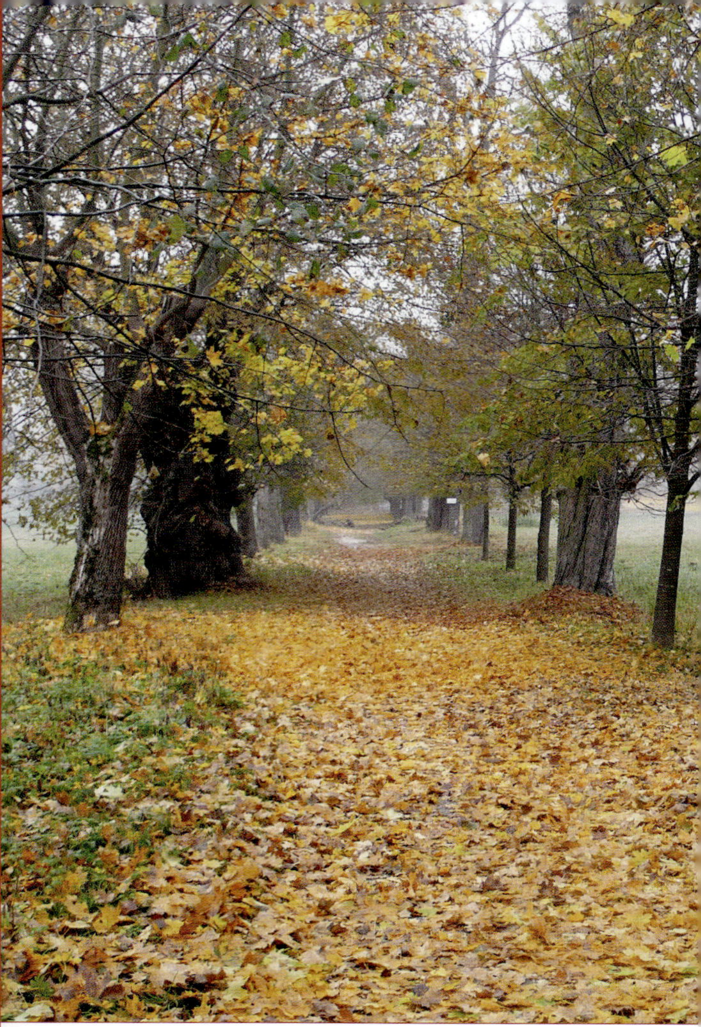

WANDERWERT FÜR KINDER:

2-3 Jahre: Sehr gut geeignet. Die Strecke ist kurz, beim Klosterareal gibt es Tiere und viel Platz zum Toben, bei der Arbachmühle einen Spielplatz. Für die Rundwanderung Kinderwagen mitnehmen.

4-6 Jahre: S.o.

INFOS/GASTSTÄTTEN:

• Allgemeine Infos und weitere Wanderziele im Naturpark Mannersdorf: *www.diewuestemannersdorf.at*; • Restaurant Arbachmühle, Spielplatz, der von der aus Terrasse einsehbar ist, Tel. 02168/62300, *www.arbachmuehle.at*.

WEGBESCHREIBUNG:

Zum Kloster: Vom Parkplatz aus den breiten Schotterweg hinein. Diesen immer entlang bis zur Kreuzung mit den vielen (Holz-)Wegweisern. Hier rechts Richtung St. Anna abbiegen. Nun kommt eine Allee, die bis zum ehemaligen Kloster „St. Anna in der Wüste" führt. Zurück am gleichen Weg.

Rundweg: Vor dem Kloster stehend nach links dem Wegweiser „Donnerskirchen über Ruine Scharfeneck" folgen. Bei der nächsten Kreuzung nach rechts. Danach kommt eine lange Gerade, an deren Ende rechts halten. Nun den Schotterweg entlang und bei der nächsten Abzweigung wieder rechts halten (nicht den Weg bergauf nehmen). Nach etwas mehr als 500 Metern kommt schließlich eine auf den ersten Blick unscheinbare Abzweigung nach rechts in einen breiten Waldweg. Nicht verpassen! Der Weg ist nicht beschildert! Der Waldweg führt ab hier bergauf. Oben angekommen trifft man wieder auf Wegweiser. Möglich ist nun ein Abstecher zur Ruine Scharfeneck (holpriger Weg, die Ruine darf nicht betreten werden). Von der Ruine wieder zurück zu den Wegweisern. Hier nun dem Weg bergab zum Kloster folgen. Schließlich noch am kleinen Fischteich vorbei und bald darauf ist das Kloster wieder erreicht.

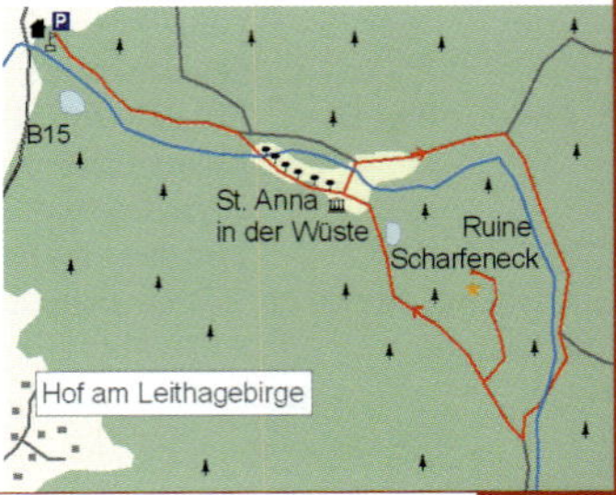

40 Blumengärten Hirschstetten – überraschend

Auf den ersten Blick hat diese Gegend so gut wie nichts mit Erholung und Natur zu tun. Umso überraschender, dass sich inmitten von Beton und Hochhäusern die liebevoll gestalteten Blumengärten der Stadt Wien befinden. Hier werden jährlich 300.000 Frühjahrsblüher, 1,4 Millionen Sommerblumen und 50.000 Herbstblumen gezüchtet.

Von Mitte Mai bis Mitte Oktober können Besucher durch verschiedene Themengärten (z.B. Mexikanischer Garten, Zitrusgarten, Sommerblumengarten) spazieren. Außerdem gibt es ein Palmenhaus, ein Labyrinth aus Liguster mit einer Gesamtweglänge von rund 900 Metern und einen Weidespielplatz aus lebenden Pflanzen.

Anforderung:	Direkte Zufahrt; um den Teich: mittel, da der Weg teilweise holprig ist.
Dauer:	Direkte Zufahrt; Teichrunde: 1,5 km, kaum Höhenunterschied, 25 Min.
Wetter:	Bei jedem Wetter möglich; im Sommer allerdings heiß, da kein Schatten, dafür bietet sich im Anschluss ein Abstecher zum Badeteich Hirschstetten an (Wegbeschreibung siehe unten)
Kinderfahrrad:	Möglich
Anfahrt Auto:	A23 bis Abfahrt Hirschstetten, weiter die Hirschstettner Str. nach Hirschstetten. Dann in die Quadenstr. einbiegen und bis zu den Blumengärten. (Navi: 1220, Quadenstraße 15)
Anfahrt öfentlich:	Mit dem 23A ab U1-Station Kagraner Platz bis zu den Blumengärten Hirschstetten oder mit der S80 bis Hirschstetten, die Hirschstettner Str. bis zur Quadenstr. und diese bis zum Eingang (ca. 650m Fußweg).
Ausgangspunkt/P:	P direkt beim Eingang zu den Blumengärten.
Schatten:	0 Prozent

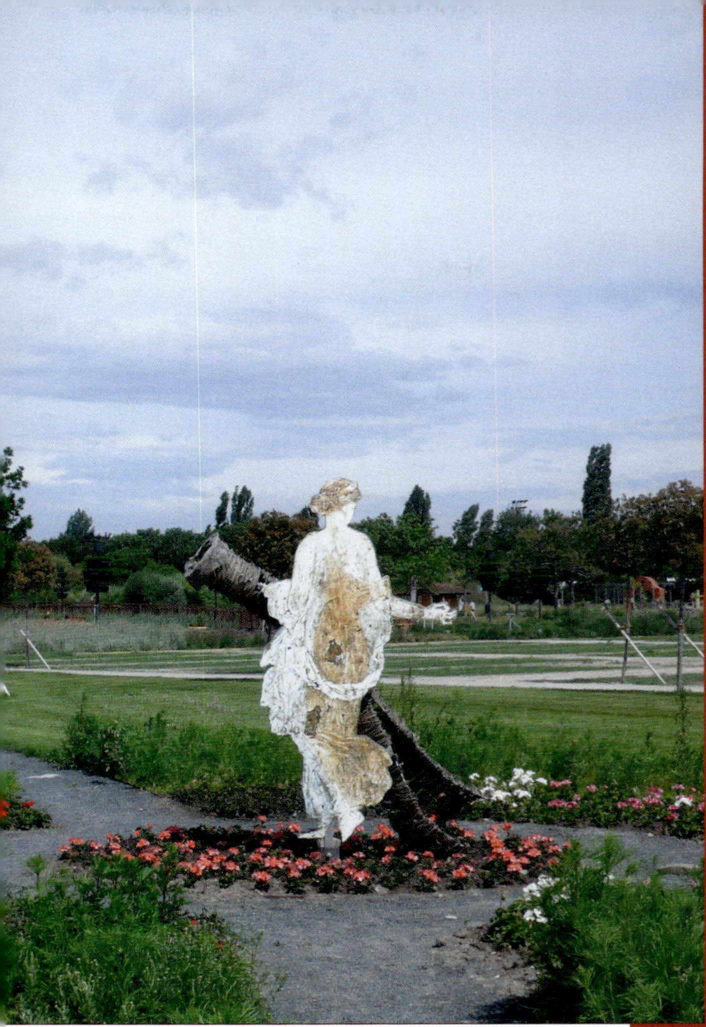

WANDERWERT FÜR KINDER:

2-3 Jahre: Sehr gut geeignet; es gibt einen Spielplatz mit Kletterturm, Sand und Schaukeln, außerdem einen Weidespielplatz, einen Irrgarten und ein Palmenhaus

4-6 Jahre: S.o.

INFOS/GASTSTÄTTEN:

• Öffnungszeiten beachten! Die Blumengärten sind nur von Mitte März bis Mitte Oktober, Dienstag bis Sonntag von 09 bis 18 Uhr geöffnet. Tel: 01/4000-8042, *www.wien.gv.at/umwelt/parks/blumengaerten-hirschstetten*. Es gibt ein Café am Gelände. • Gleich in der Nähe ist der Badeteich Hirschstetten mit großem Kinderspielplatz u.a. mit Schaukeln, Rutsche, Kletterwand und einem überdachten Sandspielbereich direkt am See. An Wochenenden ist es hier allerdings überfüllt.

WEGBESCHREIBUNG:

Nach dem Eingang entweder gleich ins Palmenhaus oder an den Glashäusern vorbei und je nach Lust und Laune den Wegweisern folgend die einzelnen Bereiche der Blumengärten entdecken.

Zu Fuß von den Blumengärten zum Badeteich Hirschstetten: ca. 800 Meter, 15 Min. Dazu beim Ausgang links in die Quadenstraße einbiegen und danach gleich wieder links in die Ziegelhofstr. Diese immer geradeaus bis auf der linken Seite der Badeteich auftaucht. Anschließend ist es möglich, eine Runde um den Badeteich zu gehen, bevor man wieder zum Ausgangspunkt zurückkehrt.

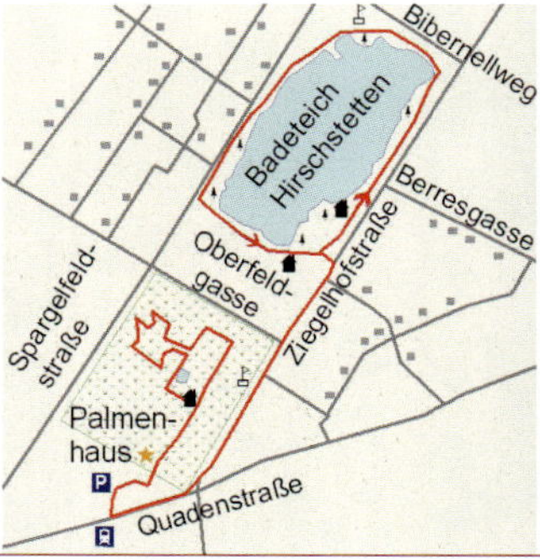

41 Durch den **Laxenburger** Schlosspark – kaiserlich

Der Schlosspark Laxenburg ist ein beliebtes Ausflugsziel im Süden von Wien. Kein Wunder, wird hier doch viel geboten. Der Schlosspark ist daher – trotz des geringen Eintrittspreises – auf alle Fälle einen Besuch wert. Neben Kulturellem, wie dem historischen Schloss, der Franzensburg, dem Turnierplatz oder der Rittergruft, kommt auch die Erholung nicht zu kurz: Der Spaziergang führt an großen Wiesen vorbei und durch dichte Wälder. Weiters lädt ein idyllischer Teich zum Rasten und Ausspannen ein. Der Park ist für größere (Geschwister-)Kinder ebenfalls sehr gut geeignet und eigentlich das ganze Jahr über ein lohnendes Ziel.

Anforderung:	Direkte Zufahrt; Spaziergang: leicht; ebener Asphaltweg.
Dauer:	Direkte Zufahrt; Spaziergang: rund 4,5 km, kein Höhenunterschied, 1 1/4 Std.
Wetter:	Bei jedem Wetter ein schöner Ausflug, denn der Park ist auch bei regnerischem Wetter und im Winter reizvoll. Zudem ist die Länge der Tour variabel und der Großteil des Weges verläuft unter Bäumen.
Schatten:	75 Prozent
Kinderfahrrad:	Ja, der gesamte Park ist dafür sehr gut geeignet.

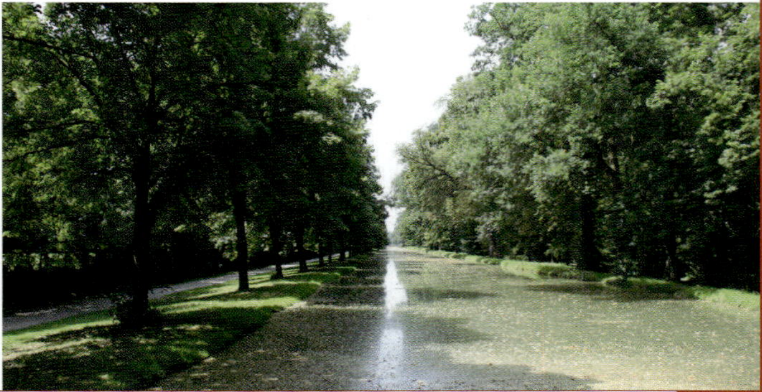

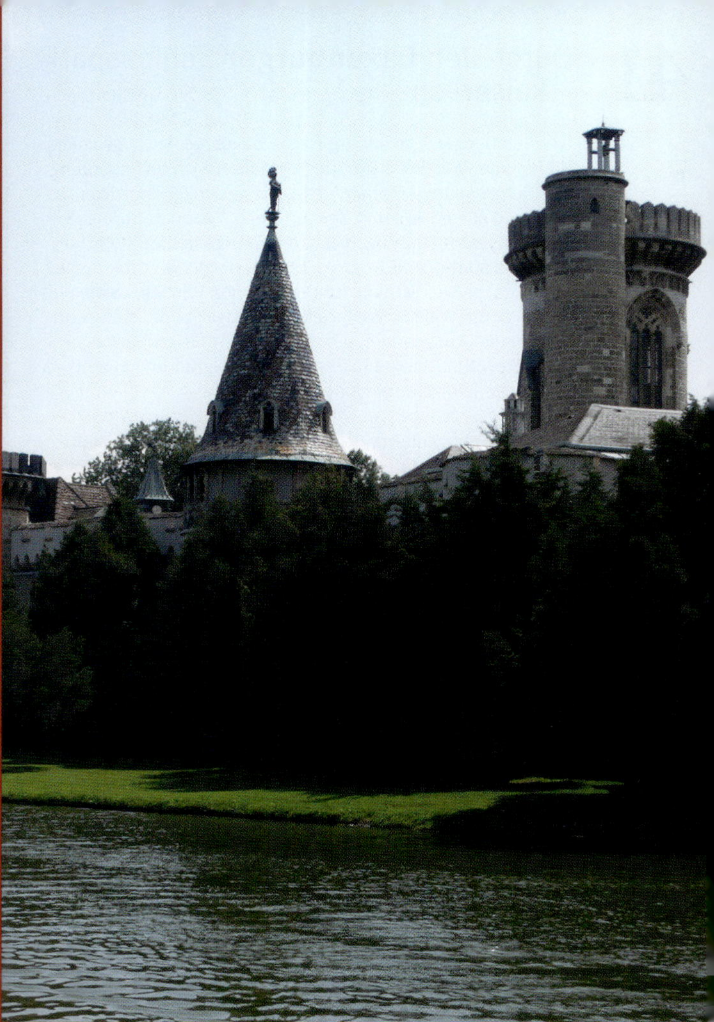

Anfahrt Auto: Auf der A2 zur Ausfahrt Wiener Neudorf und danach den Wegweisern nach Laxenburg folgen. Schließlich beim Kreisverkehr rechts in die Leopold-Figl-Str. und dann immer geradeaus bis zum Schloss. (Navi: 2361 Laxenburg, Schlossplatz)

Anfahrt öffentlich: Vom Südtiroler Platz fährt ein Bus zum Franz-Joseph-Platz in Laxenburg. Von hier sind es wenige Meter zum Eingang (Schloss ist in Sichtweite).

Ausgangspunkt/P: Es gibt direkt beim Schlosspark-Eingang Parkplätze.

WANDERWERT FÜR KINDER:

2-3 Jahre: Sehr gut geeignet: großer Spielplatz mit Kletterturm und überdachter Sandkiste, Teich mit Booten, Enten und Fischen zum Füttern, Kletterbäume, große Wiesen mit Picknicktischen. Außerdem ist die Länge der Wanderung leicht verkürz- oder ausdehnbar.

4-6 Jahre: S.o.

INFOS/GASTSTÄTTEN:

• Es muss ein geringer Eintritt bezahlt werden. Aktuelle Preise und allgemeine Infos unter *www.schloss-laxenburg.at*; Hunde müssen an die Leine genommen werden; • Es gibt einen kleinen Kiosk beim Eingang und ein Café in der Franzensburg, Tel. 02236/71334, geöffnet von Anfang April bis Ende Oktober.

WEGBESCHREIBUNG:

Nach dem Eingang links und kurz darauf rechts abbiegen. Danach den Wegweisern nach links zum Schlossteich und zur Franzensburg folgen. Beim Teich angekommen mit der Fähre (bzw. im Winter mittels Brücke) über den Teich zur Burg und anschließend durch die Burg. Danach rechts über die Brücke Richtung Tunierplatz/ Wasserfall. Am Tunierplatz vorbei und weiter Richtung Wasserfall. Hier über die Brücke und danach gleich nach rechts am Kanal entlang. Nach einiger Zeit den Kanal über die 1. Brücke, auf die man stößt, queren. So wird der Kinderspielplatz erreicht. Von hier aus dem Weg zurück zum Eingang folgen.

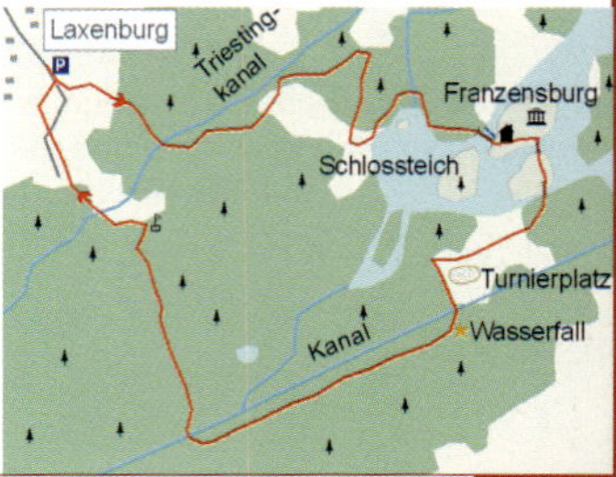

42 Schutzhaus Hocheck (1030m) – aussichtsreich

Mit 1037 Metern ist das Hocheck der östlichste Tausender der Alpen und zugleich der Wien am nächsten gelegene. Wenige Meter unterhalb des Gipfels befindet sich das Schutzhaus Hocheck, das neben mehreren – nicht kinderwagengeeigneten – Aufstiegsvarianten auch über eine Mautstraße erreichbar ist.
Vor der Hütte gibt es eine Weide mit Kühen und einen kleinen Spielplatz, hinter der Hütte eine Wiese und die Meyringer Aussichtswarte, in der Hütte gutes Essen.

Anforderung: Fast direkte Zufahrt, nur ein sehr kurzes Stück bergauf zur Hütte.
Dauer: Ca. 5 Min. bergauf vom Parkplatz zur Hütte.
Wetter: Schönes Ausflugswetter; im Herbst hält sich der Hochnebel hier besonders hartnäckig. Im Winter wird die Mautstraße geräumt und als Rodelstrecke genutzt. (Vorher telefonisch nachfragen, ob sie tatsächlich befahrbar ist).
Kinderfahrrad: Nein
Anfahrt Auto: Auf der A21 bis Mayerling. Abfahren und nach Alland. Hier weiter nach Altenmarkt an der Triesting. Schließlich links abbiegen nach Weissenbach und weiter nach Furth. In Furth beginnt die Hocheck-Mautstraße. Achtung: Unbedingt ausreichend Kleingeld mitnehmen. Die aktuellen Preise für die Mautstraße finden sich auf der Homepage des Schutzhauses. (Navi: 2564 Furth an der Triesting, Furth 59, Hocheck-Schutzhaus)
Anfahrt öffentlich: Nicht möglich
Ausgangspunkt/P: P des Schutzhauses Hocheck. Von hier aus dann einfach den breiten Weg hinauf zum Schutzhaus nehmen.

WANDERWERT FÜR KINDER:

2-3 Jahre: Die Wiese hinter dem Schutzhaus eignet sich gut zum Herumtoben; kleiner, aber schon älterer Spielplatz mit Schaukeln; Kühe zum Anschauen.

4-6 Jahre: S.o.

INFOS/GASTSTÄTTEN:

- Schutzhaus Hocheck, tolle Aussicht, gutes Essen, Tel. 0676/7032100, ganzjährig bewirtschaftet. Ruhetage: Mo, Di, Mi.

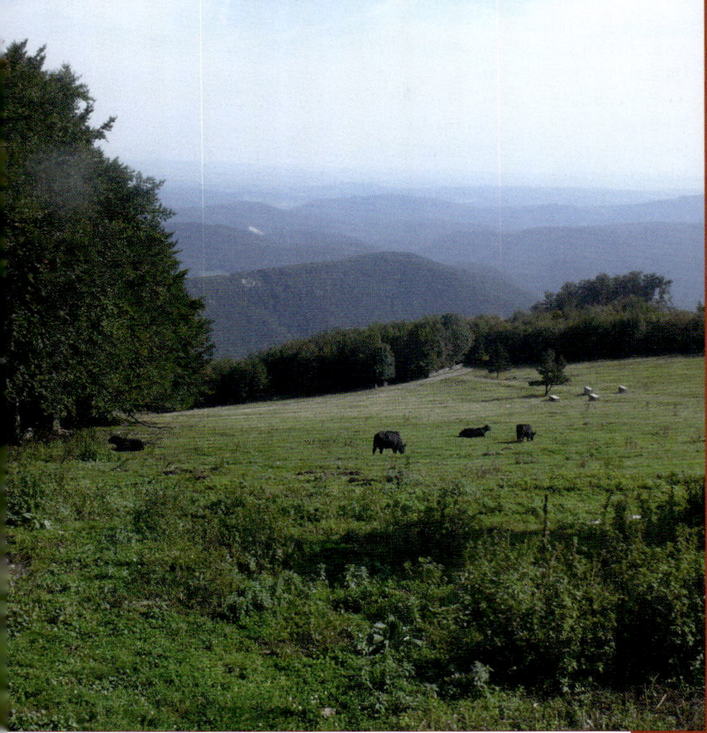

43 Hochramalpe - erholsam

Die Hochramalpe liegt im Wienerwald bei Gablitz. Ein erholsamer Ort, der von Wien aus innerhalb kurzer Zeit erreicht werden kann. Auf der Hochramalpe selbst gibt es ein Gasthaus mit Gastgarten, einen kleinen Teich mit Ruderbootverleih, einen Spielplatz und natürlich Unmengen an Wiesen und Wäldern. Die Wiese oberhalb des Gasthauses bietet zudem eine herrliche Aussicht über den Wienerwald.

Anforderung: Direkte Zufahrt
Dauer: Direkte Zufahrt; Spaziergang rund um den Teich: ca. 5 Minuten.
Wetter: Schönes Ausflugswetter
Schatten: 25 Prozent
Kinderfahrrad: Nein
Anfahrt Auto: Auf der Wiener Bundesstraße (B1) zunächst nach Purkersdorf und dann weiter nach Gablitz. Die B1 geht in die Linzer Straße über. Geradeaus weiter und dann links in die Berggasse abbiegen (Wegweiser Hochramalpe). Die Straße geht nun steil bergauf und führt direkt zum Gasthaus. (Navi: 3003 Gablitz, Hochramalpe)
Anfahrt öffentlich: Nicht möglich
Ausgangspunkt/P: Großer P direkt beim Gasthaus.

WANDERWERT FÜR KINDER:

2-3 Jahre: Netter Spielplatz, kleiner Teich (es können Ruderboote ausgeborgt werden), große Wiese (allerdings nicht eben, sondern am Hang)
4-6 Jahre: S.o.

INFOS/GASTSTÄTTEN:

• Gasthaus Hochramalpe, Tel. 02231/62971, *www.hochramalpe.at*, Ruhetag: Mi, Do.

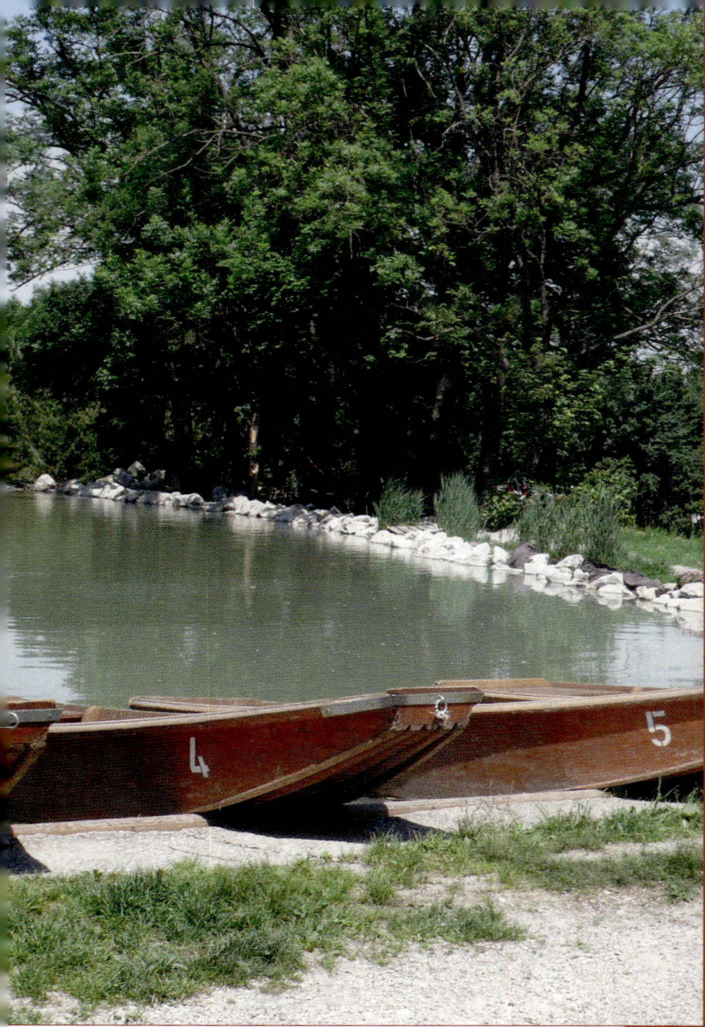

44 Gasthaus Langthaler – stressfrei

In der Nähe von Melk, in einem kleinen Dorf namens Pömling, liegt das Gasthaus und der Biohof Langthaler. Ein wunderbarer Ort für all jene, die gerne einmal einen Tag ganz ohne Stress und Hektik verbringen wollen. Die Anreise ist zwar etwas länger, dafür ist das Panorama wunderbar und für die Kinder gibt es genügend zu entdecken, sodass keine Langeweile aufkommt. Neben einem schönen Spielplatz sorgen viele Tiere (Esel, Pony, Meerschweinchen, Hasen und Rotwild) und eine kleine Wanderung für Abwechslung.

Anforderung: Direkte Zufahrt; Wanderung: Leicht bis mittel; zuerst Asphalt, dann aber Schotter- und Wiesenweg.
Dauer: Direkte Zufahrt; Wanderung: 1,7 km, 20 Höhenmeter, 30 Min.
Wetter: Schönes Ausflugswetter
Schatten: 0 Prozent
Kinderfahrrad: Nein
Anfahrt Auto: Auf der A1 bis nach Melk. In Melk über die Donaubrücke und weiter nach Emmersdorf. Hier ca. 4 km den Wegweisern Richtung Pömling zum „Gasthaus Jausenstation Langthaler" folgen. (Navi: 3644 Emmersdorf an der Donau (Pömling), Pömling 14)
Ausgangspunkt/P: Ausreichend P beim Gasthaus.
Anfahrt öffentlich: Nicht möglich

WANDERWERT FÜR KINDER:

2-3 Jahre: Sehr gut geeignet. Der Garten mit Spielplatz (Schaukeln, Sandkiste) und den Tieren ist ein Paradies für Kinder.

4-6 Jahre: S.o. Es gibt sogar eine kleine Kletterwand und eine Outdoor-Kegelbahn mit schöner Aussicht.

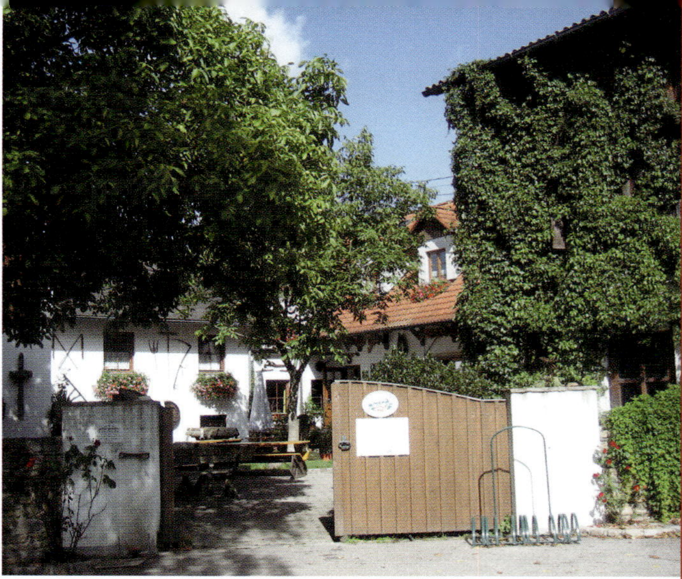

INFOS/GASTSTÄTTEN:

• Gasthaus Langthaler, Wirtshaus und Biobauernhof mit großem Spielplatz und Panoramablick, geöffnet April bis Oktober Mi bis Fr ab 15 Uhr, Sa, So, Feiertag ganztägig und November bis März Fr ab 15 Uhr, Sa, So und Feiertag ganztägig, Tel. 02752/71427, *www.gasthaus-langthaler.at*; • In der Nähe befindet sich das Stift Melk, Tel. 02752/555-0, *www.stiftmelk.at.*

WEGBESCHREIBUNG:

Vom Gasthaus auf die Hauptstraße. Hier ein Stück nach links und dann bald rechts abbiegen (Wegweiser: Jauerling-Tour). Die Asphaltstraße, die in einen Schotterweg übergeht, entlang. Nach einiger Zeit erreicht man die Graslhöhle. Von hier ein Stück zurück und nach links auf den Wiesenweg abbiegen. Nun immer am Waldrand entlang bis der Weg schließlich auf eine Asphaltstraße stößt. Rechts wieder hinunter ins Dorf und bei der nächsten Kreuzung nochmals nach rechts zurück zum Gasthaus.

Waldviertel

Faszinierende Felsblöcke, nette Teiche, dichter Wald und unzählige Burgen und Ruinen: Die Wanderungen in diesem Kapitel versuchen möglichst viele Facetten des Waldviertels zu zeigen. So unterschiedlich wie die Landschaft während der einzelnen Touren, so unterschiedlich sind auch deren Schwierigkeitsgrade – es sollte also für jeden die richtige Wanderung dabei sein.

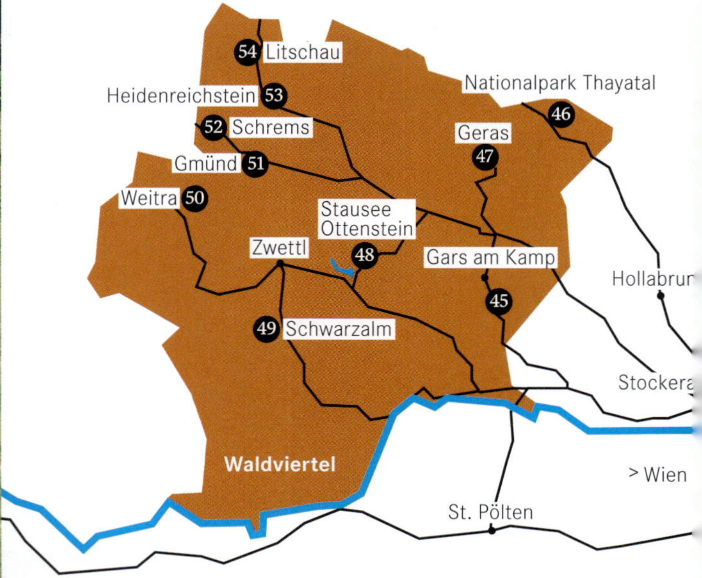

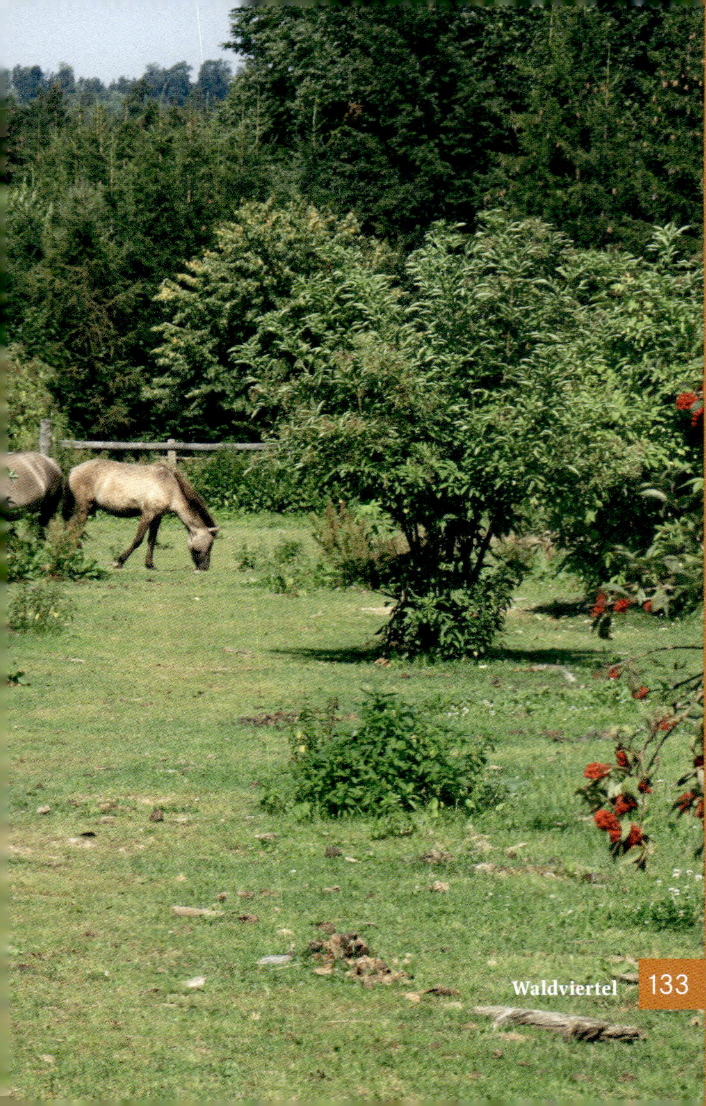

45 Weinwanderung in **Schönberg am Kamp**

schwer
3,6 km
1 h

Egal ob Sauvignon Blanc, Blauer Burgunder oder Grüner Veltliner - an den Hängen außerhalb von Schönberg wächst jede dieser Sorten. Und mitten durch die lieblichen Weinberge führt auf einem Asphaltweg ein Weinlehrpfad. Wer sich nicht mit den Infotafeln begnügen, sondern die Weine auch probieren will, kommt hier ebenfalls voll auf seine Kosten. Denn in Schönberg gibt es eine große Fülle an Heurigen und Vinotheken.
Für die schattenlose Tour selbst ist aufgrund der Steigung allerdings Kondition notwendig.

Anforderung: Schwer; der Weg ist zwar asphaltiert, aber es geht doch recht steil bergauf; für den Rückweg eine Bandschlinge bzw. ein kurzes Seilstück zum Sicheren des Kinderwagens mitnehmen!
Dauer: Hin und retour: 3,6 km, 120 Höhenmeter, 1 Std.
Wetter: Klassisches Wanderwetter; nicht im Hochsommer, da der Weg in der prallen Sonne verläuft.
Schatten: 0 Prozent
Kinderfahrrad: Nein
Anfahrt Auto: A22 bis Knoten Stockerau, hier auf der S5 Richtung Krems bis zur Abfahrt Fels am Wagram. Weiter nach Langenlois und dann beim Kreisverkehr rechts Richtung Horn bis Schönberg. In Schönberg rechts Richtung Ortszentrum abbiegen über die Kamp-Brücke. Nach der Brücke gleich wieder rechts zum Parkplatz. (Navi: 3562 Schönberg am Kamp, Hauptstraße)
Ausgangspunkt/P: Parkplatz nach der Kamp-Brücke. Hier ist auch gleich ein Kinderspielplatz.

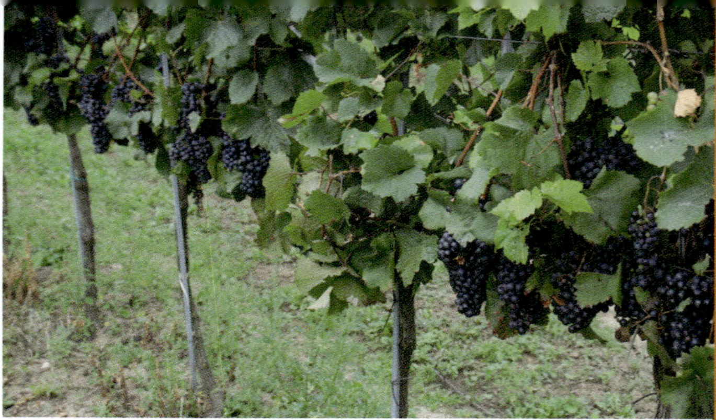

WANDERWERT FÜR KINDER

2-3 Jahre: Nicht geeignet
4-6 Jahre: Nur für Kinder, die gerne gehen. Im Herbst können unterwegs Weintrauben gekostet werden. Beim Parkplatz ist ein schöner Spielplatz. In Mollands gibt es nette Picknickplätze.

INFOS/GASTSTÄTTEN:

• Informationszentrum und Vinothek Alte Schmiede: Hier gibt es Infos zu den Wanderungen und über die Winzer der Gegend, Tel. 02733/76476, *www.schoenberg.gv.at*; • In Schönberg gibt es unzählige Heurige, die zum Einkehren einladen. • Beim Umkehrpunkt in Mollands: Weinbeisserei, Terrasse mit wunderbarer Aussicht, Öffnungszeiten vorab checken, Tel. 02733/78080, *www.hagermatthias.at*; • Nicht weit entfernt ist die eindrucksvolle Rosenburg, *www.rosenburg.at*; • Für Weinliebhaber lohnt sich ein Besuch im Loisium bei Langenlois, Tel. 02734/32240-0, *www.loisium.at.*

WEGBESCHREIBUNG:

Vom Parkplatz aus über die Brücke und anschließend die Bundesstraße überqueren. In die gegenüberliegende Gasse geradeaus hinein und immer den Weinlehrpfad-Wegweisern folgen. Der Weg führt an vielen Weinkellern vorbei und weiter den Bernthalweg bergauf durch Weingärten nach Mollands. Schließlich erreicht man das Plateau mit fantastischer Aussicht. Hier befindet sich die Vinothek Weinbeisserei. Ein Stück weiter gibt es schöne Picknickplätze. Hier umdrehen und auf demselben Weg steil bergab zurück zum Ausgangspunkt.

46 Im **Nationalpark Thayatal**

leicht
2 km
30 min

Der Nationalpark Thayatal/Národní Park Podyjí ist ein grenzüberschreitender Nationalpark. Auf österreichischer Seite liegen 1330 Hektar geschütztes Gebiet, auf tschechischer nochmals über 6000 Hektar. Die einzige Ortschaft im österreichischen Teil ist übrigens Hardegg, die kleinste Stadt Österreichs. Das durch die Thaya geprägte Gebiet ist landschaftlich wunderschön. Außerdem sind im Thayatal besonders viele Pflanzen und seltene Tiere, z.B. der Schwarzstorch oder die Wildkatze, heimisch. Im Folgenden sind drei kürzere Wanderungen beschrieben. Diese können auch kombiniert werden, da die Entfernung zwischen den einzelnen Ausgangspunkten mit dem Auto jeweils nur ein paar Minuten beträgt. Zudem bietet diese Gegend sehr viele Sehenswürdigkeiten, etwa die Burg Hardegg, das Barockschloss Riegersburg oder die Ruine Kaja.

1. Hennerweg

Der Höhepunkt des liebevoll gestalteten Hennerweges ist sicherlich der Aussichtspunkt mit einmaligem Blick über Hardegg und das Thayatal. Ansonsten führt der Weg gemütlich an einigen gut gestalteten Lehrpfadstationen vorbei.

Anforderung: Leicht; breiter, schöner Waldweg mit sanften Steigungen
Dauer: RW: 2 km, 30 Höhenmeter, 30 Min.
Wetter: Jedes Wanderwetter
Schatten: 75 Prozent
Kinderfahrrad: Nein
Anfahrt Auto: A22 bis Stockerau-Nord. Abfahren und nach Hollabrunn. Weiter bis Guntersdorf. Ab hier die Thayatal Bundesstraße (B30) nach Retz. Dann über Niederfladnitz und Merkersdorf Richtung Hardegg. Der Weg zum Nationalparkzentrum, das auf der Straße zwischen Merkersdorf und Hardegg liegt, ist gut beschildert. (Navi: 2082 Hardegg, Nationalpark Thayatal)
Ausgangspunkt/P: P beim Nationalparkzentrum.

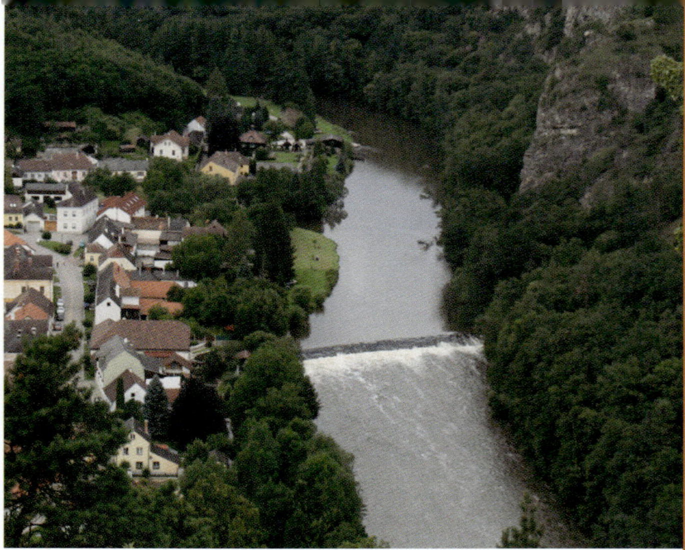

WANDERWERT FÜR KINDER:

2-3 Jahre: Mit Kinderwagen gut geeignet; es gibt unterwegs Stationen, z.B. überdimensionale Blätter zum Erraten des Baumes; schöner, großer Spielplatz beim Nationalparkzentrum
4-6 Jahre: S.o.

INFOS/GASTSTÄTTEN:

• Nationalparkzentrum, Tel. 02949/7005-0, *www.np-thayatal.at*, geöffnet: April bis September, 9-18 Uhr, März, Okt., Nov. 10-17 Uhr; • Auf alle Fälle einen Besuch wert ist Hardegg: *www.hardegg.gv.at*; • Burg Hardegg: *www.burghardegg.at*, geöffnet: April bis Oktober; • In der Nähe befindet sich auch das Barockschloss Riegersburg: *www.schlossruegers.at*, Öffnungszeiten siehe Burg Hardegg.

WEGBESCHREIBUNG:

Vom Parkplatz des Nationalparkzentrums aus die Straße überqueren. Am Waldrand beginnt der sehr gut beschilderte Hennerweg (Thayatalweg Nr. 6). Nun immer dem Rundweg folgen. Und auf alle Fälle bei etwa der Hälfte des Weges den kurzen, gut beschilderten Abstecher zum Aussichtspunkt machen.

mittel
1 km
20 min

2. Kajaweg

Die 800 Jahre alte Ruine Kaja liegt östlich von Merkersdorf. Sie wurde auf einem Felsgrat errichtet und wird von Kaja- und Merkensdorfer Bach umflossen. Es war daher nur über zwei Brücken möglich, in die Burg zu gelangen. Der Weg selbst (Thayatalweg Nr. 5) ist kurz, aber schön. Er führt zunächst an der Ruine vorbei und dann ins Kajabachtal.

Anforderung: Mittel; breiter, holpriger Waldweg; zu Beginn bis zur Ruine ein Stück bergauf; es sind 2 Brücken mit jeweils 3 Stufen zu überwinden.
Dauer: RW: ca. 1 km, 40 Höhenmeter, 20 Min.
Wetter: Jedes Wanderwetter; im Sommer gut geeignet, da der Weg im Schatten entlang der Bäche verläuft.
Schatten: 100 Prozent
Kinderfahrrad: Nein
Anfahrt Auto: Siehe Hennerweg. Allerdings bei Merkersdorf nicht Richtung Hardegg, sondern den Wegweisern zur Ruine Kaja folgen, die östlich von Merkersdorf liegt.
Ausgangspunkt/P: Parkplatz bei der Ruine Kaja.

WANDERWERT FÜR KINDER:

2-3 Jahre: Sehr gut geeignet; kurzer, schattiger Weg am Kajabach, der zum Plantschen einlädt; Ruine zum Besichtigen
4-6 Jahre: S.o.

INFOS/GASTSTÄTTEN:

• Ruine Kaja: geöffnet von 1. Mai bis 31. Oktober allerdings nur an Sa, So- und Feiertagen (10 bis 17 Uhr), Tel. (Stadtgemeinde Hardegg): 02948/8450-0. • Weitere Infos siehe Hennerweg.

WEGBESCHREIBUNG:

Vom Parkplatz den breiten Weg bergauf zur Ruine. Danach am gut markierten Kajaweg (Thayatalweg Nr. 5) entlang des Baches rund um die Ruine. Bevor man wieder zurück zum Parkplatz kommt, sind allerdings zwei Brücken mit jeweils drei Stufen zu überwinden.

schwer
4 km
1 h 20 min

3. Zur Hardegger Warte (Hardeggská vyhlídka)

Die Hardegger Warte mit einer herrlichen Aussicht auf Hardegg befindet sich im tschechischen Teil des Nationalparks. Dazu wird die 1990 wiedereröffnete Thayabrücke überquert. Pass oder Personalausweis nicht vergessen! Die Tour erfordert Kondition, da es lange bergauf geht.

Anforderung: Schwer; der Weg ist zwar sehr gut (breit und asphaltiert), aber es geht lange steil bergauf. Nach der Abzweigung holpriger Waldweg.
Dauer: Hin und retour: 4 km, 120 Höhenmeter, 1 Std. 20 Min.
Wetter: Jedes Wanderwetter
Schatten: 75 Prozent
Kinderfahrrad: Nein
Anfahrt: Siehe Hennerweg. Allerdings weiter fahren bis nach Hardegg und dort bis zur (beschilderten) Thayabrücke gleich beim Gasthaus Thayabrücke. (Navi: 2082 Hardegg, Hardegg Stadt 20)
Ausgangspunkt/P: P beim Gasthaus Thayabrücke in Hardegg.

WANDERWERT FÜR KINDER

2-3 Jahre: Nicht geeignet
4-6 Jahre: Nicht geeignet

WEGBESCHREIBUNG:

Über die Thayabrücke (Reisedokument nicht vergessen!) nach Tschechien. Die breite Asphaltstraße bergauf Richtung Hardeggská vyhlídka. Wenn der Weg wieder flacher wird nach einiger Zeit bei den Wegweisern links in den Waldweg abbiegen. Innerhalb kurzer Zeit wird die Warte erreicht. Gleicher Rück- wie Hinweg.

INFOS/GASTSTÄTTEN:

- Reisedokumente mitnehmen!
- Gasthaus Thayabrücke, Tel. 0664/9197765, *www.thaya-bruecke.at*, geöffnet April-Oktober von Mo-So.

47 Bei Wildtieren im **Naturpark Geras**

mittel
4,5 km
1 h 20 min

Hauptsächlich bekannt ist Geras für das eindrucksvolle Stift. Doch gleich in der Nähe befindet sich mit dem Naturpark Geras ein mindestens ebenso lohnendes Ziel. Der Park bietet neben Wildpferden, Mufflons und Auerochsen, einen schönen Teich und gemütliche Wege. Wehrmutstropfen dieser Tour: Es ist ein geringer Eintritt zu bezahlen.

Anforderung: Mittel; schöne, breite Wege, die nur selten holprig sind; eine längere Steigung.

Dauer: RW: 4,5 km, 50 Höhenmeter, 1 Std. 20 Min.

Bestes Wetter: Klassisches Wanderwetter; es sollte nicht zu warm sein, da ca. die Hälfte des Weges über offenes Gelände verläuft.

Schatten: 50 Prozent

Kinderfahrrad: Nein

Anfahrt Auto: A22 bis Stockerau-Nord. Dort abfahren und weiter Richtung Horn. Bei Horn weiter auf der B4 über Pernegg nach Geras. Der Naturpark liegt von Pernegg kommend kurz vor Geras auf der linken Seite. (Navi: 2093 Geras, Naturpark)

Ausgangspunkt/P: P beim Naturpark Geras.

WANDERWERT FÜR KINDER

2-3 Jahre: Gut geeignet; für den gesamten Weg einen Kinderwagen mitnehmen; Tiergehege, Streichelzoo; kleiner Spielplatz beim Eingang
4-6 Jahre: S.o.

INFOS/GASTSTÄTTEN:

• Öffnungszeiten Naturpark, Palmsonntag bis Allerheiligen, Ruhetag: Mo, Tel. 0664/5526553, *www.naturparkgeras.at*, aktuelle Eintrittspreise bitte telefonisch erfragen; • Stift Geras: Öffnungszeiten: Mai bis Oktober 11-16 Uhr, Mi bis So, November bis April Führungen auf Anfrage; *www.stiftgeras.at.*

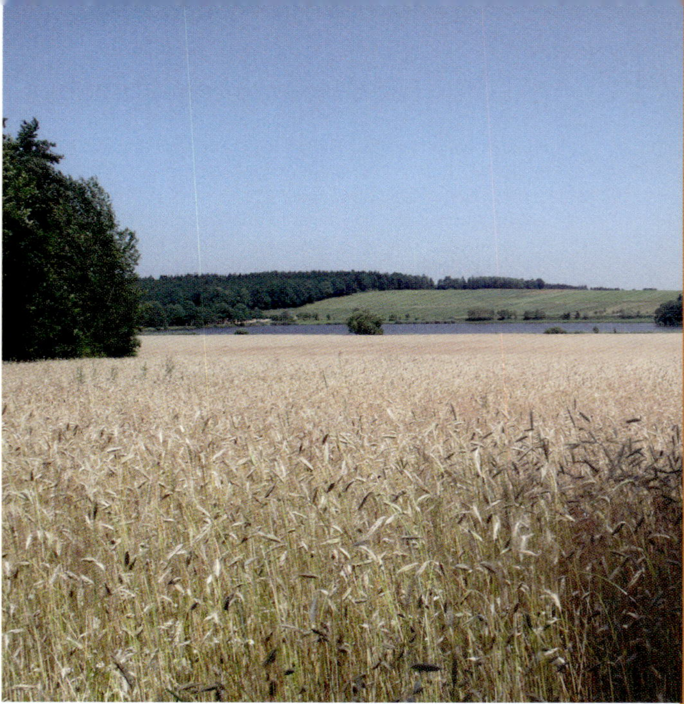

WEGBESCHREIBUNG:

Vom Eingang aus vorbei an Wildschweinen und Streichelzoo zur Hubertuskapelle und nach links zu Mufflons, Dam- und Sikawild. Danach auf demselben Weg wieder zur Hubertuskapelle. Doch nun nicht zurück zum Ausgang, sondern geradeaus den Wegweisern zum „Langen Teich“ folgen. Den Fledermauslehrpfad entlang und beim Summstein links abbiegen. Bei der nächsten Abzweigung nach rechts gelangt man nach einiger Zeit zum Teich. Am Ufer entlang und schließlich nochmals nach rechts zurück zum Summstein. Schließlich den Fledermauslehrpfad bergauf und dann nach links zurück zum Ausgangspunkt.

48 Am Ufer des **Ottensteiner Stausees**

mittel
4,3 km
1 h 20 min

Der Ottensteiner Stausee, der Mitte der 50er des vorigen Jahrhunderts errichtet wurde, ist der oberste und bekannteste der drei Kamp-Stauseen. Sein felsiges Ufer, dichter Wald, der fast bis ins Wasser ragt und eine Ruine mitten im See machen ihn zu einem einmaligen Ziel.
Der beschriebene Weg führt fast durchgehend am Ufer entlang. Immer wieder ist es möglich, über Treppen ins Wasser zu klettern. Zusätzlich gibt es unterwegs Picknicktische mit herrlicher Aussicht. An schönen Sommertagen auf alle Fälle mehr Zeit einplanen und die Badesachen mitnehmen.

Anforderung: Mittel; breiter, aber oft holpriger Waldweg mit einer schweren Steigung; geländegängiger Kinderwagen empfehlenswert.
Dauer: Hin und retour: 4,3 km, 80 Höhenmeter, 1 Std. 20 Min.
Wetter: Schönes Wetter; im Sommer in Kombination mit einem Badeaufenthalt ein netter Ganztagsausflug.
Schatten: 75 Prozent
Kinderfahrrad: Nein
Anfahrt Auto: A22 bis Knoten Stockerau-Nord, weiter Richtung Krems. Anschließend auf der Kremser Bundesstraße (B37) Richtung Gföhl, Zwettl, Rastenfeld. In Rastenfeld weiter auf der B38 Richtung Zwettl bis zur Brücke über den Ottensteiner Stausee. Unmittelbar vor der Brücke befindet sich rechts der Parkplatz. (Navi: 3532 Zwettl, Stausee Ottenstein)
Ausgangspunkt/P: P vor der Brücke bei Lichtenfels (von Wien kommend) fast direkt am Ottensteiner Stausee.

WANDERWERT FÜR KINDER:
2-3 Jahre: Nur mit Kinderwagen. Wenn zwei Erwachsene mit sind, ist es möglich nur eine Strecke zu gehen und die konditionsstärkere Begleitperson holt während einer Badepause das Auto.
4-6 Jahre: Gut geeignet. Es gibt einen Bootverleih am Ziel und viele Möglichkeiten, schwimmen zu gehen.

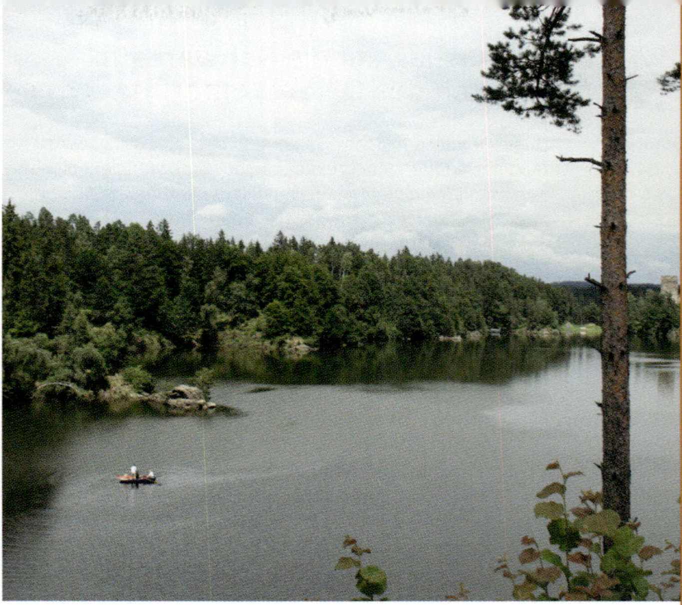

INFOS/GASTTÄTTEN:

• Allgemeine Info zur Region Kampseen: *www.kampseen.at*; • Seerestaurant Ottenstein, Terrasse mit Seeblick und Bootsverleih, Tel. 02826/267, *www.hotelottenstein.at*;
• Ruine Lichtenfels, frei zugänglich;
• Die nächste größere Stadt ist Zwettl mit Hundertwasserbrunnen, Stift, Brauerei und etlichen Gasthäuser, *www.zwettl.at*.

WEGBESCHREIBUNG:

Vom Parkplatz den Weg bei den Infotafeln (Wegweiser: Waldviertler Kulturwanderweg) bergab und dann nach rechts. Nun am Seeufer entlang Richtung Gasthaus, das bereits nach einiger Zeit sichtbar wird. Der Weg dorthin ist aber doch deutlich länger, als auf den ersten Blick angenommen. Nach einiger Zeit geht es ein Stück steil und holprig bergauf. Oben angekommen scharf nach links und weiter entlang des Sees bis zum Gasthaus. Gleicher Rück- wie Hinweg.

49 Ein Ausflug auf die **Schwarzalm** – idyllisch

schwer
2,4 km
45 min

Hügelige Wiesen, dichte Wälder und ein Löschteich, der zum Baden einlädt: In unmittelbarer Nähe von Zwettl liegt die Schwarzalm – ein optimales Ausflugsziel. Almhütte steht hier zwar keine, dafür ein schönes Restaurant mit Terrasse, das auf den ersten Blick ein bisschen nobel erscheint. Das sollte jedoch niemanden abschrecken, denn es kehren hier auch viele Wanderer und Mountainbiker ein und Kinder sind herzlich willkommen. So gibt es neben einem schönen Spielplatz sogar ein Spielzimmer für regnerische Tage. Neben dem Besuch der Schwarzalm ist auch eine Wanderung möglich: Die beschriebene Tour ist kurz, aber schwierig und daher nur für erfahrene Kinderwagenschieber empfehlenswert.

Anforderung: Direkte Zufahrt zum Restaurant Schwarzalm; Wanderung: schwer; zu Beginn holprig bergab und gegen Ende dann steil bergauf; geländegängiger Kinderwagen oder Trage notwendig; nur für sehr ambitionierte, konditionsstarke Kinderwagenschieber.

Dauer: Direkte Zufahrt zum Restaurant Schwarzalm; Wanderung: RW: 2,4 km, 50 Höhenmeter, 45 Min.

Wetter: Schönes Wetter; Wanderung nicht nach/bei Regen, da der Weg dann sehr rutschig ist.

Schatten: 75 Prozent

Kinderfahrrad: Nein

Anfahrt Auto: A22 bis Stockerau. In Stockerau abfahren und bis Krems. Anschließend über Gföhl und Rastenfeld nach Zwettl. Von Zwettl weiter Richtung Ottenschlag (ab hier gibt es Wegweiser zur Schwarzalm). Schließlich nach einiger Zeit rechts abbiegen und auf der asphaltierten Forststraße bis zur Schwarzalm. (Navi: 3910 Zwettl, Schwarzalm, Almweg 1)

Ausgangspunkt/P: Parkplatz beim Hotel/Restaurant Schwarzalm.

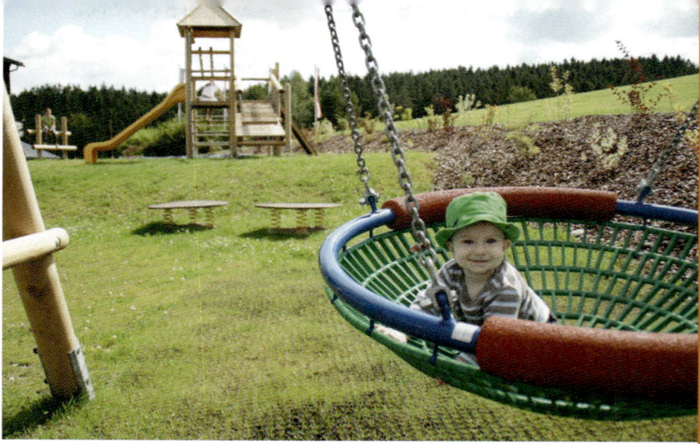

☺ WANDERWERT FÜR KINDER:

2-3 Jahre: Gut geeignet; netter Spielplatz; Spielzimmer für nicht so schönes Wetter; ein badetauglicher Löschteich; Wanderung: nicht geeignet

4-6 Jahre: S.o.; Wanderung: möglich für Kinder, die gerne gehen.

INFOS/GASTSTÄTTEN:

- Hotel/Restaurant Schwarzalm, Tel. 02822/53173, *www.schwarzalm.at*;
- Lohnenswert ist ein Abstecher nach Zwettl mit Stift und Hundertwasserbrunnen, *www.zwettl.at*;
- Nicht allzu weit entfernt steht die eindrucksvolle Burg Rappottenstein: *www.burg-rappottenstein.at*.

WEGBESCHREIBUNG:

Zuerst bergab zum Teich. Der Weg führt dann hinter dem Teich (beim Brunnen) in den Wald hinein. Links abbiegen und den holprigen Waldweg bergab. Bei der nächsten Kreuzung wieder links abbiegen, dann nochmals links und immer am Ufer des Kamps entlang bis zur Brücke und den Gebäuden auf der anderen Flussseite. Den Fluss allerdings nicht überqueren, sondern den Wegweisern folgend links bergauf zurück zur Schwarzalm.

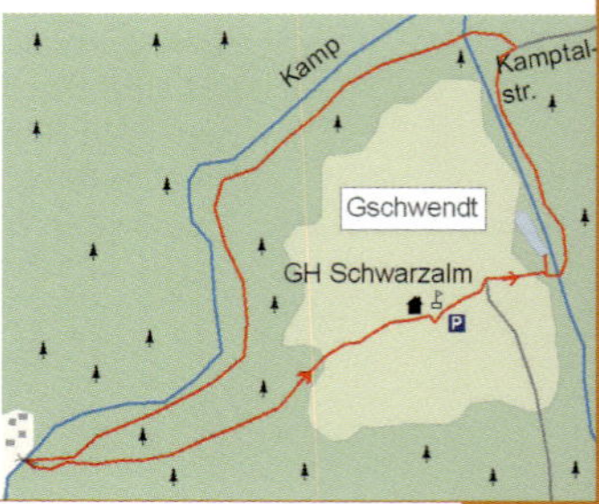

50 Barfußwanderung in **Weitra** – ausgefallen

leicht
2 km
40 min

Diese Wanderung im Gabrielental in Weitra sticht durch zwei Besonderheiten hervor: 1. Sie wird barfuß absolviert und 2. ist sie - versprochen, es ist die einzige in diesem Wanderführer - nicht kinderwagentauglich (ein kleines Stück am Weg zum Ausgangspunkt ist zu schmal für einen Kinderwagen). Dennoch möchte ich sie als Ausflugsziel empfehlen. Denn der liebevoll angelegte Barfußweg mit 17 verschiedenen Stationen ist wirklich ein einmaliges Erlebnis (einzelne Stationen siehe Wegbeschreibung). Außerdem macht es jedem Kind, sobald es laufen kann, großen Spaß die verschiedenen Untergründe barfuß zu erkunden. Zusätzlich laden Picknicktische und eine Grillstelle am Fluss zu einem längeren Aufenthalt beim Kneippbecken ein (Babytrage und Handtuch nicht vergessen).

Anforderung: Leicht
Dauer: Gesamt 2 km, davon 1,2 km Barfußparcours, keine Höhenmeter, 40 Min.
Wetter: Schönes, wärmeres Wetter
Schatten: 50 Prozent
Kinderfahrrad: Nein
Anfahrt Auto: A22 bis zum Knoten Stockerau-Nord, weiter über Krems nach Zwettl. Anschließend auf der Weitraer Straße (L71) bis Weitra. Nach dem Ortsschild geradeaus weiter bis zum Kreisverkehr. In den Sparkasseplatz einbiegen, nach fast einem Kilometer in die Böhmstraße halbrechts hinein und dann bald links in die Spitalgasse (den Hinweisschildern zur Kneippanlage folgen). (Navi: 3970 Weitra, Spitalgasse)
Aufgangspunkt/P: P am Beginn der Spitalgasse beim alten Bürgerspital.

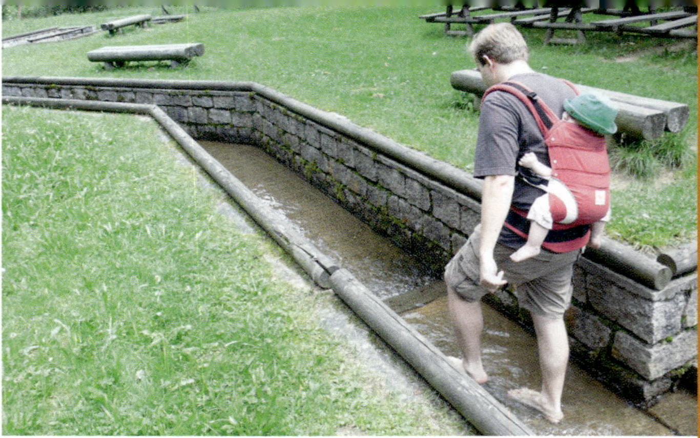

WANDERWERT FÜR KINDER:

2-3 Jahre: Sehr gut geeignet; barfuß auf den verschiedenen Untergründen zu laufen, macht Spaß; große Wiese; (mit kaltem Flusswasser gefülltes) Kneippbecken zum Plantschen

4-6 Jahre: S.o.

INFOS/GASTSTÄTTEN:

• Direkt am Weg gibt es kein Gasthaus. Allerdings ist das nette, sehenswerte Zentrum von Weitra mit unzähligen Einkehrmöglichkeiten nicht weit: *www.weitra.at.*

WEGBESCHREIBUNG:

Vom Parkplatz aus die Spitalgasse beim ehemaligen Bürgerspital hinein. Am Ende den schmalen Pfad am Fluss entlang bis er auf einen breiten Weg stößt. Dem breiten Weg folgen. So werden nach einiger Zeit das Umkleidehäuschen (mit Schließfächern) und damit der Start des Barfußparcours erreicht. Danach folgen 17 Stationen (zwischen Station zwei und drei liegt ein größerer Abstand): 1. Asphalt, 2. Fichtenzapfen, 3. Holzstöcke, 4. Leiter, 5. Rindenmulch, 6. Sand, 7. Waldboden, 8. Baumstamm, 9. Holzknüppel, 10. Flusssteine, 11. Kies, 12. Donaukies, 13. Holzstöckelpflaster, 14. Flusssteine, 15. Granitpflaster, 16. Armbecken, 17. Kneippanlage. Am gleichen Weg wieder zurück.

51 Mystische Pfade durch die **Blockheide**

schwer
5,6 km
1 h 30 min

Spektakuläre, sagenumwobene Granitblöcke sind das Charakteristikum der Blockheide. Und egal, ob Teufels-Brotlaib, Pilz- oder Koboldstein - jeder Block ist sehenswert.
Der landschaftlich schönste Weg durch die Blockheide ist wohl der Mythologieweg, dessen Kinderwagentauglichkeit allerdings grenzwertig ist. Denn ein Stück nach dem eindrucksvollen Christophorusstein ist extrem holprig und nur für sehr geübte Kinderwagenschieber geeignet. Leichter ist der Marienkäferweg, der zwar an weniger Blöcken, dafür aber an den Restbiotopen im Naturpark vorbeiführt.

Anforderung: Mythologietour: schwer; Wald- und Wiesenwege; ein kleines Stück ist sehr holprig und an der Grenze der Befahrbarkeit mit dem Kinderwagen. Ein geländegängiger Kinderwagen ist unbedingt notwendig und eine Trage oder 2. Person zum Tragen des Kinderwagen für das holprige Stück empfehlenswert. Marienkäferweg: mittel; geländegängiger Kinderwagen notwendig.

Dauer: RW: Mythologietour: 5,3 km, 90 Höhenmeter, 1,5 Std.; RW: Marienkäferweg: 5,6 km, 50 Höhenmeter, 1,5 Std.

Wetter: Klassisches Wanderwetter

Schatten: 50 Prozent

Kinderfahrrad: Nein

Anfahrt Auto: A22 bis Stockerau-Nord, weiter auf der B4 nach Horn. Bei Horn auf der B2 (Waldviertler Bundesstraße) bis nach Schrems. Den Wegweisern folgend weiter nach Gmünd. Der Naturpark (Eingang Großeibenstein) ist sehr gut beschildert. Nach der Ortseinfahrt geradeaus weiter auf der Schremserstr. Dann rechts in den Braunauplatz einbiegen und der Grillensteiner- bzw. später der Großeibensteinerstr. bis zum Parkplatz folgen. (Navi: 3950 Gmünd (Großeibenstein), Naturpark Blockheide)

Ausgangspunkt/P: Gut gekennzeichneter Parkplatz in Großeibenstein.

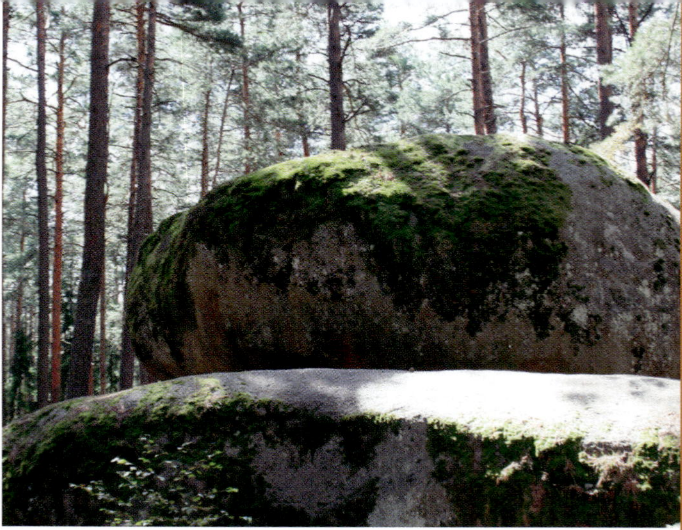

WANDERWERT FÜR KINDER

2-3 Jahre: Nur mit Kinderwagen; sonst bis zum Teich sehr abwechslungsreich; Spielplatz beim Aussichtsturm.

4-6 Jahre: S.o.

INFOS/GASTSTÄTTEN

• Verein Naturpark Blockheide, Tel. 0680/5062837, *www.blockheide.at*;
• Das Naturpark-Infozentrum mit Shop ist während der Saison von 10 bis 18 Uhr geöffnet. Hier gibt es auch einen Plan der Blockheide mit Erklärungen zu den einzelnen Themenwegen. • Gmünd mit netter Altstadt und diversen Einkehrmöglichkeiten: *www.gmuend.at.*

WEGBESCHREIBUNG:

Vom Parkplatz in Großeibenstein ein Stück auf der Asphaltstraße den Wegweisern zur Blockheide folgen. Beim Beginn des Schotterweges startet bereits der einfachere, gelb markierte Marienkäferweg. Den Weg weiter zum Eingang mit Aussichtsturm, Informationsstelle und Picknickplatz der „Zwerge und Riesen". Ab hier nun entweder weiter den Marienkäferweg mit seinen 20 Stationen oder den blau markierten, stellenweise sehr schweren und holprigen Mythologieweg einschlagen. Beide Wege sind sehr gut markiert.

52 Himmelsleiter und Hochmoor im **Naturpark Schrems**

mittel
4 km
1 h

108 Stufen führen auf die 20 Meter hohe Himmelsleiter, die mitten im Hochmoor einen fantastischen Fernblick ermöglicht. Aber auch allen, die nicht so hoch hinauf wollen oder mit Baby nicht können, bietet diese Wanderung einen einmaligen Einblick in die Moorlandschaft. So führt der Prügelsteg direkt ins Moor und eine ehemalige Torfstichgrube inklusive Infotafeln veranschaulicht den Prozess der Torfgewinnung. Nach der Runde lohnt sich ein Besuch des „UnterWasser-Reich" oder im Sommer ein Sprung ins kühle Nass des nahe gelegenen Moorbades. Unbedingt Insektenschutz einpacken.

Anforderung: Mittel; zunächst Schotter-, dann Waldweg; ein ca. 5 Minuten langes Stück ist sehr holprig und daher schwer; geländegängiger Kinderwagen notwendig.

Dauer: RW: 4 km, praktisch kein Höhenunterschied, 1 Std.

Wetter: Schönes, nicht zu heißes Wanderwetter; nicht nach/bei Regen, da der Weg dann sehr gatschig ist.

Schatten: 50 Prozent

Kinderfahrrad: Nein

Anfahrt Auto: A22 bis Knoten Stockerau-Nord. Weiter auf der B4 Richtung Horn. Kurz vor Horn links auf die B2 (Waldviertler Bundesstraße) bis nach Schrems. Hier den Wegweisern zum Naturpark Hochmoor – Himmelsleiter folgen. (Navi: 3943 Schrems, Moorbadstraße)

Ausgangspunkt/P: Parkplatz beim Naturpark und dem „UnterWasser-Reich".

WANDERWERT FÜR KINDER:

2-3 Jahre: Eventuell nur das Stück bis zur Himmelsleiter und retour; sonst auf alle Fälle Kinderwagen mitnehmen

4-6 Jahre: Geeignet; es gibt unterwegs einige nette Stationen, z.B. Himmelsleiter und Prügelsteg

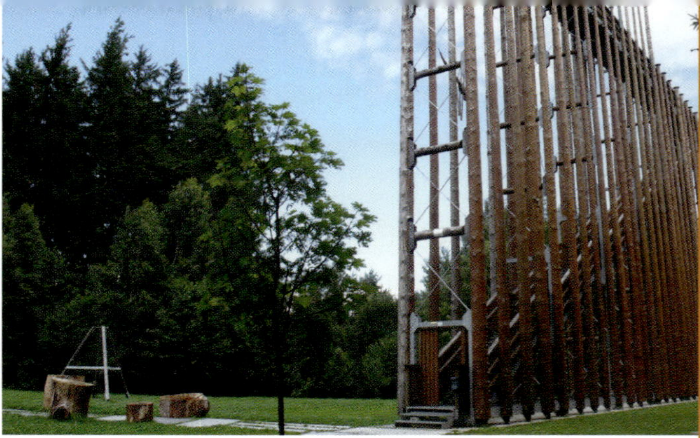

INFOS/GASTSTÄTTEN:

• Insektenschutz nicht vergessen! • Himmelsleiter: Anfang April bis Ende Oktober durchgehend geöffnet. • Es gibt ein Café im Naturparkzentrum, in dem sich auch das „UnterWasserReich", eine Ausstellung zum Thema Lebensraum Wasser inklusive Labor zum Experimentieren, befindet, Tel. 02853/76334, *www.unterwasserreich.at*, von April bis Oktober täglich geöffnet; • Gleich in der Nähe befindet sich das Moorbad, Tel. 02853/77454.

WEGBESCHREIBUNG:

Vom Parkplatz aus den Wegweisern zur Himmelsleiter folgen. Dorthin führt (bis aufs letzte Stück) ein breiter Schotterweg. Danach weiter der grünen Beschilderung folgen. Es wird zunehmend holpriger bis nach einiger Zeit der Prügelsteg erreicht wird. Ab hier bis zur Schautafel über das Torfstechen ist der Weg aufgrund vieler Wurzeln sehr schwierig. Kurz nach den Torf-Infotafeln rechts abbiegen. Schließlich gelangt man zu einer weiteren Kreuzung. Hier der grünen Markierung nach links über die Holzbrücke folgen. Etwas später rechts Richtung Moorbad Schrems zurück zum Ausgangspunkt.

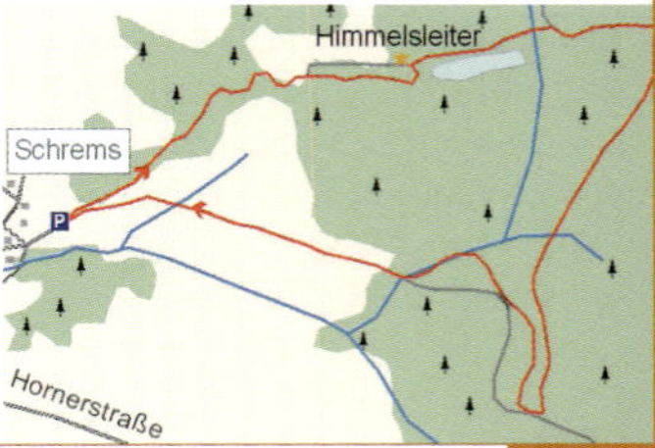

53 Moorwanderung in **Heidenreichstein**

leicht
3,7 km
1 h

Egal welches Wetter – diese abwechslungsreiche Runde im Naturpark Heidenreichstein ist (fast) immer reizvoll. An warmen Sommertagen sorgen der dichte Wald und der nahe gelegene Gemeindeteich für Abkühlung. An nebligen Herbsttagen verleiht das Moor dem Naturpark eine mystische Atmosphäre. Unterwegs wartet auf die Wanderer neben „Hängendem Stein", Aussichtsturm und Spielplatz eine weitere Besonderheit: In der „Moortretanlage" kann ausprobiert werden, wie es sich anfühlt, barfuß im Moor zu spazieren. Unbedingt Insektenschutz mitnehmen.

Anforderung: Leicht; schöner, ebener geschotterter Waldweg
Dauer: RW: 3,7 km, praktisch kein Höhenunterschied, 1 Std.
Wetter: Jedes schneefreie Wetter.
Schatten: 75 Prozent
Kinderfahrrad: Der gesamte Weg ist gut geeignet - allerdings nur für Geübte, da es ein geschotterter Weg ist.
Anfahrt Auto: A22 bis Stockerau-Nord. Weiter auf der B4 Richtung Horn. Vor Horn links auf die B2 abbiegen. Nach Göpfritz auf der B5 über Waidhofen/Thaya nach Heidenreichstein. Der Parkplatz liegt dann direkt an der Bundesstraße auf der linken Seite (von Waidhofen kommend). (Navi: 3860 Heidenreichstein, Waidhofener Straße, Naturpark)
Ausgangspunkt/P: P beim Eingang des Naturparks.

WANDERWERT FÜR KINDER

2-3 Jahre: Eventuell nur bis zum „Hängenden Stein" und retour; ansonsten auf alle Fälle Kinderwagen mitnehmen; Spielplatz zu Beginn der Wanderung; „Moortretanlage" gegenüber des Steges, der auf das Moor führt; der Gemeindeteich – ein schöner Badeteich – befindet sich gleich in der Nähe

4-6 Jahre: S.o.

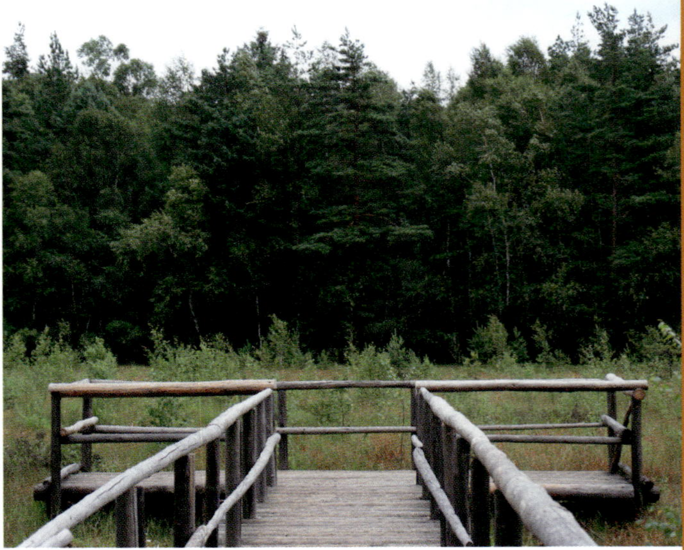

INFOS/GASTSTÄTTEN:

• Insektenschutz mitnehmen! • Infos zum Naturpark: *www.naturparke-noe.at/heidenreichsteiner-moor*; • Es gibt beim Parkplatz einen Kiosk. • Wasserschloss und mehrere Gasthäuser bzw. Cafés in Heidenreichstein, *www.heidenreichstein.at*.

WEGBESCHREIBUNG:

Vom Parkplatz geradeaus an Kiosk und Spielplatz vorbei. Sobald der Wald betreten wird, nach links und immer dem gut beschilderten „Moorpfad" folgen. Nach einiger Zeit durch dichten Wald lohnt sich bei der nächsten Kreuzung der kurze Abstecher nach rechts zum „Hängenden Stein". Hier befinden sich zahlreiche Picknicktische. Am gleichen Weg wieder zurück auf den Moorpfad. Bald danach am Rande des Moors entlang bis zum Aussichtsturm. Den Rundweg weiter bis der Parkplatz wieder erreicht wird.

54 Rund um den **Litschauer Herrensee**

leicht
3,7 km
1 h

Am Stadtrand von Litschau, der nördlichsten Stadt Österreichs, liegt der idyllische Herrensee. Die beschriebene Wanderung führt fast durchgehend durch Wald am Seeufer entlang. Ein Abstecher in die Stadt ist vom südlichen Ende des Sees aus problemlos möglich.
An schönen Sommertagen lohnt es sich, mehr Zeit einzuplanen, um sich nach der Wanderung noch ein paar Stunden im Strandbad abzukühlen, einfach nur zu faulenzen oder den großen Spielplatz zu erkunden.

Anforderung: Leicht; schöner, breiter Waldweg mit nur leichten Steigungen.
Dauer: RW: 4,8 km, praktisch kein Höhenunterschied, 1,5 Std.
Wetter: Bei jedem Wetter (außer bei Schnee) geeignet; im Sommer besonders gut mit einem Badetag kombinierbar;
Schatten: fast 100 Prozent
Kinderfahrrad: Ja, für Geübte. Es sind allerdings einige kleinere Steigungen zu bewältigen, bei denen das Rad möglicherweise geschoben werden muss.
Anfahrt Auto: A22 bis zum Knoten Stockerau. Hier Richtung Horn auf die Horner Bundesstraße B4. Bei Horn auf die Waldviertler Bundesstraße B2 und später weiter auf die B5 Richtung Waidhofen/Thaya. Bei Eisgarn Richtung Litschau abbiegen. In Litschau den Wegweisern zum Strandbad bzw. zum Herrensee folgen. (Navi: 3874 Litschau, Strandbadstr)
Ausgangspunkt/P: Strandbad am Herrensee in Litschau. Hier gibt es auch einen größeren Parkplatz.

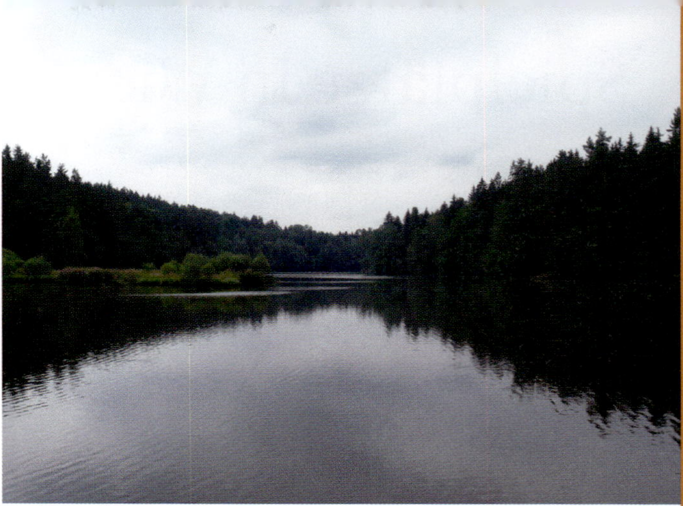

WANDERWERT FÜR KINDER

2-3 Jahre: Am besten vom Strandbad aus im Uhrzeigersinn starten und bis nach Litschau und wieder zurück gehen. Die ganze Runde nur mit Kinderwagen oder Buggy. Großer Spielplatz im Strandbad; unterwegs viele Buchten zum Plantschen; Bootsverleih bei Litschau
4-6 Jahre: S.o.

INFOS/GASTSTÄTTEN:

• Strandbad Litschau - Herrensee, Tel. 02865/5385, Juni bis August täglich geöffnet; • Seerestaurant Litschau, Gasthaus direkt beim Strandbad, Tel. 02865/433;
• Weitere Cafés und Restaurants in Litschau, *www.litschau.at.*

WEGBESCHREIBUNG:

Vom Parkplatz auf dem Weg rechts am Strandbad vorbei (an Nicht-Badetagen kann man gleich links zum See hinunter gehen). Am See angelangt immer dem sehr gut beschilderten Rundweg gegen den Uhrzeigersinn folgen. Auf der dem Strandbad gegenüberliegenden Seite befinden sich eine Unterstandshütte und Schaukeln. Anschließend bei den Häusern links halten. Schließlich erreicht man Litschau. Über die Brücke und den Rundweg weiter zurück zum Strandbad.

Spielplätze in Wien

Mit zunehmender Mobilität des Nachwuchses naht unweigerlich der Zeitpunkt, an dem es vorbei ist mit den langen Kinderwagen-Wanderungen. Denn dann stehen Selbst-Erforschen und Selber-Laufen eindeutig im Vordergrund. Das ist allerdings auch der Zeitpunkt, ab dem man plötzlich viele Tage auf Spielplätzen verbringt. Und erfahrungsgemäß ist es manchmal ganz nett einen anderen Spielplatz, als immer den gleichen ums Eck, zu besuchen.
Neben wirklich tollen Spielplätzen, die bei einigen Touren bzw. Ausflugszielen in diesem Buch beschrieben sind (wie z.B. im Schwarzenbergpark, Prater, Am Himmel, beim Schöffelstein, in den Steinhofgründen, im Lainzer Tiergarten, Donaupark, Augarten, Schlosspark Laxenburg und Pötzleinsdorf, sowie in Sparbach und auf der Hohen Wand) hier noch zehn weitere Spielplätze, die einen Besuch wert sind.

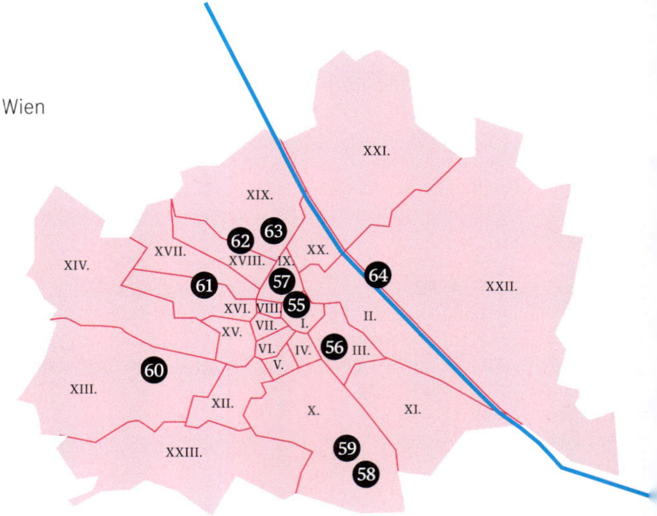

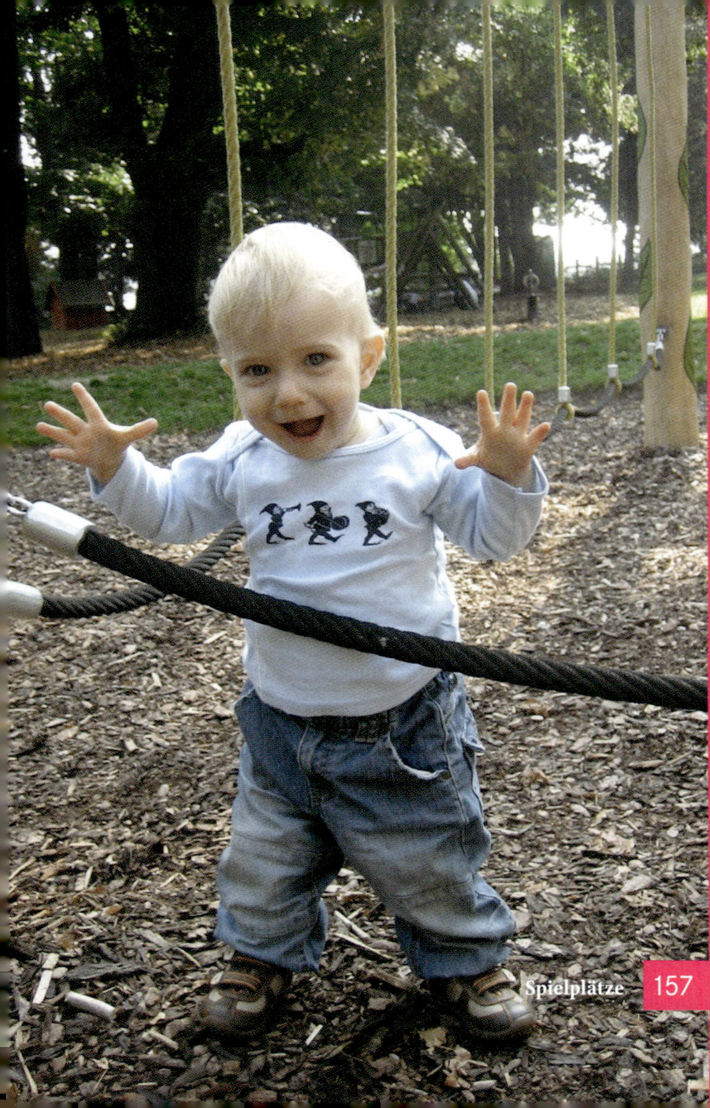

55 1010, **Rathauspark**

In den Inneren Bezirken einen schönen Spielplatz zu finden, ist nicht leicht. Doch der sehr gepflegte und eingezäunte Spielplatz im Rathauspark ist vor allem für kleine Kinder empfehlenswert, denn das Angebot reicht von Babyschaukeln, Sand- und Matschbereich über Babyrutsche hin zu Wipptieren. Toll ist der Matschbereich, denn er liegt Nachmittags im Schatten. Ein Nachteil ist allerdings der phasenweise lautere Verkehrslärm.

Anreise öffentlich: Mit der U2 bis Rathaus oder bis Schottentor. Oder mit den Straßenbahnlinien D oder 1 bis Rathausplatz bzw. Rathaus. Der Spielplatz liegt, wenn man vom Ring zum Rathaus schaut, im rechten Teil des Parks ganz hinten.

Wetter: Nur teilweise schattig, so liegt u.a. die Rutsche in der prallen Sonne und ist an sehr heißen Tagen nicht bespielbar.

56 1030, **Schweizer Garten**

Der Schweizer Garten liegt gleich beim Landstraßer Gürtel und angesichts dieser Lage ist der eingezäunte Spielplatz erstaunlich ruhig. Auf die Kleinsten warten hier eine Babyschaukel, ein Klettergerüst mit Babyrutsche und eine Sandkiste. Für die Größeren stehen unter anderem eine Seilbahn und Klettergerüste bereit.
Im Sommer gibt es im Schweizer Garten ein Kinderfreibad.

Anreise öffentlich: Mit den Straßenbahnlinien D, O, 18 oder dem Bus 13A zum Hauptbahnhof bzw. mit dem Bus 69A zum Arsenal.

Wetter: Jedes Wetter; es gibt einige Bäume am Spielplatz und für heiße Tage einen kleinen Wasserspielbereich.

57 1090, **Liechtensteinpark**

Der Spielplatz am Rande des schönen und sehr gepflegten Liechtensteinparks bietet Spielmöglichkeiten für gleich mehrere Altersstufen. So stehen Klettergerüste unterschiedlichster Höhen und Schwierigkeitsgrade zur Verfügung. Außerdem sorgen mehrere Schaukeln und Rutschen, eine Seilbahn und eine überdachte Sandkiste (inkl. nahegelegenem Hydranten mit Wasser zum Erzeugen von Gatsch) dafür, dass keine Langeweile aufkommt.

Anreise öffentlich: Mit der Straßenbahnlinine D bis Bauernfeldplatz. Weiter bis zur Fürstengasse und dem Eingang zum Palais Liechtenstein gehen. Vor dem Palais stehend links am Palais vorbei gelangt man zum Spielplatz. Eine andere Möglichkeit ist, mit dem 5er, 33er oder 40A bis Nussdorferstraße/Alserbachstraße zu fahren. Von hier die Mauer zum Park in der Liechtensteinstraße entlang bis zu einer Tür, die direkt auf den Spielplatz führt.

Wetter: Jedes Wetter. Auch an sonnigen Tagen befindet sich immer ein Teil des Spielplatzes im Schatten.

58 1110, **Wasserspielplatz a. d. Liesing**

Dieser sehr liebevoll angelegte Wasserspielplatz steht unter dem Motto „Piraten". Kinder können zum Beispiel das Piratenschiff „Black Kakadu" in der Sandkiste erklimmen. Quer über den Spielplatz verläuft das künstlich angelegte Bachbett. Wasser fließt, wenn bei der Quelle fleißig gepumpt wird.

Anreise öffentlich: Mit dem 17A von Rothneusiedl bis zur Johann-Friedl-Gasse. Die Johann-Friedl-Gasse hinein und über die Brücke. Danach links abbiegen, um zum Wasserspielplatz zu kommen.

Wetter: Schönes Pritschel-Wetter. Es gibt allerdings nicht allzu viel Schatten.

59 1110, **Kurpark Oberlaa**

Dieser Park bietet ausreichend Attraktionen für einen Ganztagesausflug: zwei riesige Kinderspielplätze (den Universum- und den Regenbogenspielplatz), einen Klettergarten und ein Skateland für ältere Kinder, mehrere Teiche, einen Streichelzoo und schöne Wege zum Spazierengehen zwischendurch. Beim relativ schattigen Universumspielplatz gibt es (etwas außerhalb) einen Bereich für Kleinkinder, einen Matschbereich, eine Riesenschaukel und viele Klettergerüste für die Größeren. Auch am Regenbogenspielplatz gibt es einen Matchbereich, außerdem Babyschaukeln und Klettergerüste.

Anreise öffentlich: Mit dem 68A ab Reumannplatz bis zum Kurpark.
Wetter: Bei jedem Wetter geeignet; an heißen Tagen ist der Universumspielplatz angenehmer.

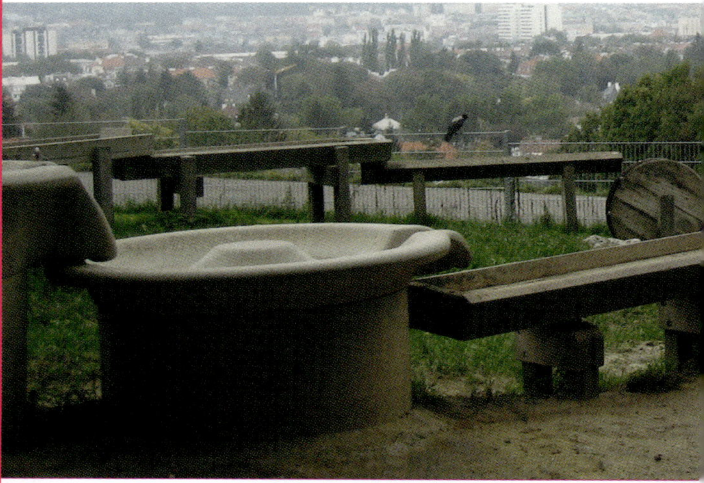

60 1130, **Roter Berg** (Veitingerg./Rotenbergg.)

Der Spielplatz in der Nähe der Rotenberggasse am Roten Berg ist wunderschön. Bäume umringen das Areal und die Aussicht vom Wasserspielbereich auf die Stadt ist herrlich. Für die Kleinsten gibt es eine Babyschaukel, sonst dominieren zwei Klettergerüste den Platz (ein mehrstöckiges Gerüst mit Röhrenrutsche für die Großen und eines inklusive Babyrutsche für die Kleinen). Gleich außerhalb vom Spielplatz befindet sich eine große Liegewiese, die sich im Winter zum Rodeln eignet, und zwei Fußballtore.

Anreise öffentlich: Etwas mühsam, da nur eine B-Linie hinfährt: mit dem 54B bzw. 55B von Ober St. Veit in die Veitingergasse. Von der Haltestelle die Veitingergasse ein Stück bergauf und den Weg gegenüber der Rotenberggasse hinein.

Wetter: Bei jedem Wetter möglich; obwohl es zwar viele Bäume gibt, stehen die meisten Spielgeräte in der Sonne; für heiße Tage ist aber ein Wasserspielbereich vorhanden.

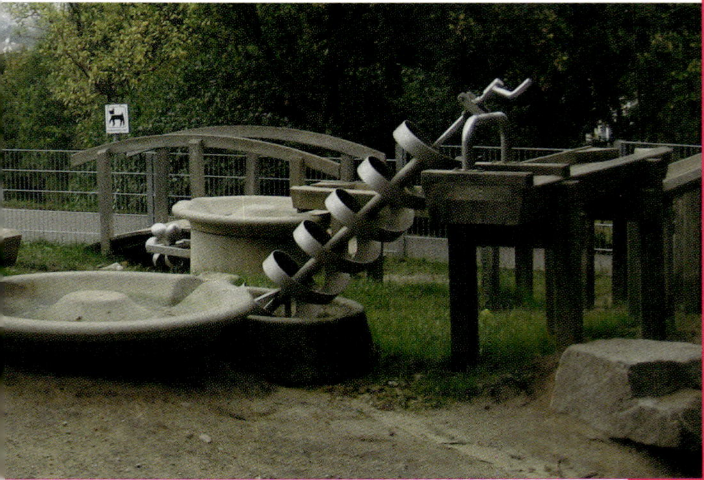

61 1160, **Kongresspark**

Im Kongresspark gibt es gleich zwei Spielplätze: Der sonnigere Spielplatz besteht aus mehreren Bereichen, darunter ein abgegrenzter, eingezäunter Kleinkindbereich mit Wipptieren, Babyschaukeln und überdachter Sandkiste. Der Spielplatz unter Bäumen bietet sowohl für kleine (z.B. Netzschaukel) als auch ältere (Kletterturm) Kinder Beschäftigungsmöglichkeiten.

Anreise öffentlich: Mit der S-Bahn oder dem 43er nach Hernals. Die Julius-Meinl-Gasse hinein und dann die Liebknechtgasse beim Kongressbad ein Stück hinauf.

Wetter: Für nicht zu warme, bewölkte Tage. Denn nur die Sandkiste ist überdacht, ansonsten gibt es keinen Schatten. Der 2. Spielplatz ist teilweise schattig.

62 1180, **Türkenschanzpark**

Der Türkenschanzpark ist wunderschön angelegt und sehr gepflegt. Auf den Wiesen tummeln sich Studenten, Pensionisten aus dem nahe gelegenen Seniorenheim sowie Mütter und Väter mit Babys und Kleinkindern. Es besteht die Möglichkeit bei zwei Teichen, Enten zu beobachten, einen Kaffee in der Meierei zu trinken und natürlich einen der beiden Spielplätze oder die als Burg angelegte Sandkiste zu besuchen. Der schattigere nicht eingezäunte Spielplatz bei den Beachvolleyballplätzen verfügt u.a. über ein Klettergerüst, eine Netzschaukel und einen Wasserspielbereich. Der zweite eingezäunte Spielplatz hat Babyschaukeln, eine überdachte Sandkiste und eine lange Rutsche. Am späteren Nachmittag ist es hier oft sehr voll!

Anreise öffentlich: Mit dem 10A oder Straßenbahn 41 bis Türkenschanzplatz bzw. 37A, 40A bis Dänenstraße.

Wetter: Nicht zu heißes Wetter, da der Großteil des Spielplatzes in der Sonne liegt; Sandkiste ist überdacht; etwas mehr Schatten beim Spielplatz bei den Beachvolleyballplätzen.

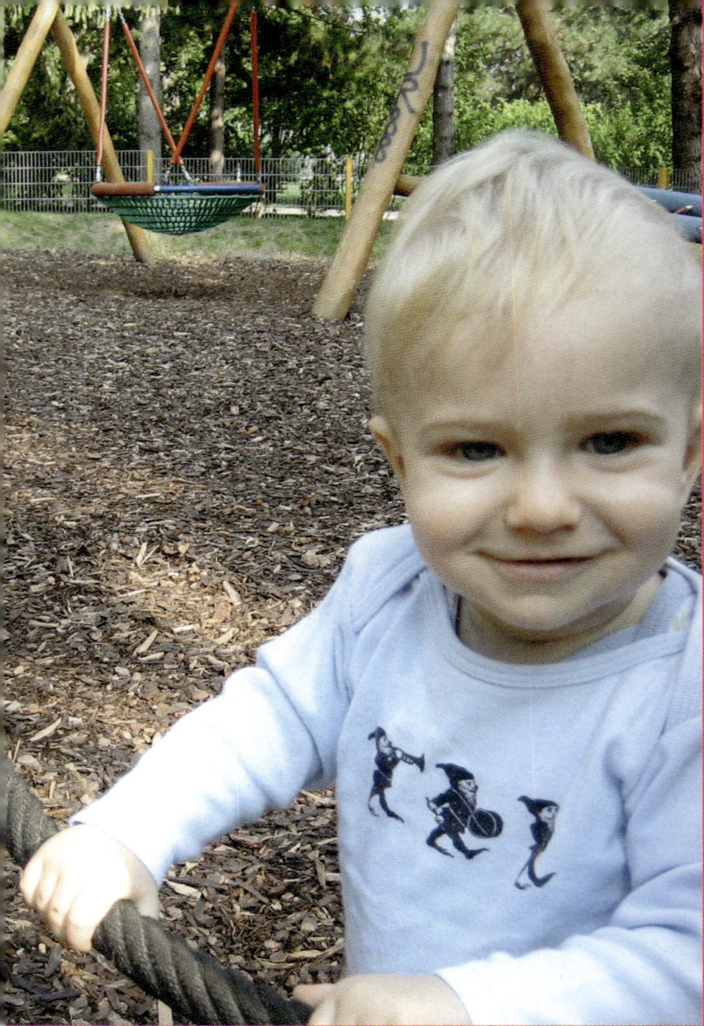

63 1190, **Wertheimsteinpark**

Der eingezäunte Spielplatz im Wertheimsteinpark mit seinen hohen, alten Bäumen ist sehr beschaulich. Das Angebot ist sowohl für die Kleinsten (Baby- und Netzschaukel, Sandkiste, Wipptiere), als auch für etwas größere Kinder (Klettergerüste und Rutschen) attraktiv.

Anreise öffentlich: Mit dem 10A oder der Straßenbahnlinie 37 bis Barawitzkagasse.
Wetter: Bei jedem Wetter.

64 1220, **Wasserspielplatz Donauinsel**

Matsch, ein Floß über einen Teich, spritzende Wasserfontänen und ein künstlich angelegter Bach mit Sandbänken – der eingezäunte Wasserspielplatz auf der Donauinsel ist an heißen Tagen ein Paradies für Kinder jeden Alters. Für Kleinkinder gibt es einen abgegrenzten Bereich mit Sonnensegel. Die beste Zeit, um hierher zu kommen, ist vormittags unter der Woche, ansonsten ist der Spielplatz extrem überfüllt. Minus: Es gibt kaum Schatten auf den Wiesenflächen und das Wasser ist sehr kalt.

Anreise öffentlich: U1 bis Donauinsel, Ausgang Donauinsel und dann ca. 400 Meter stromabwärts gehen. Es gibt einen Wegweiser zum Wasserspielplatz.
Wetter: Warme Sommertage.
Info: Geöffnet von Mai bis Ende September, *www.wasserspiel.at*

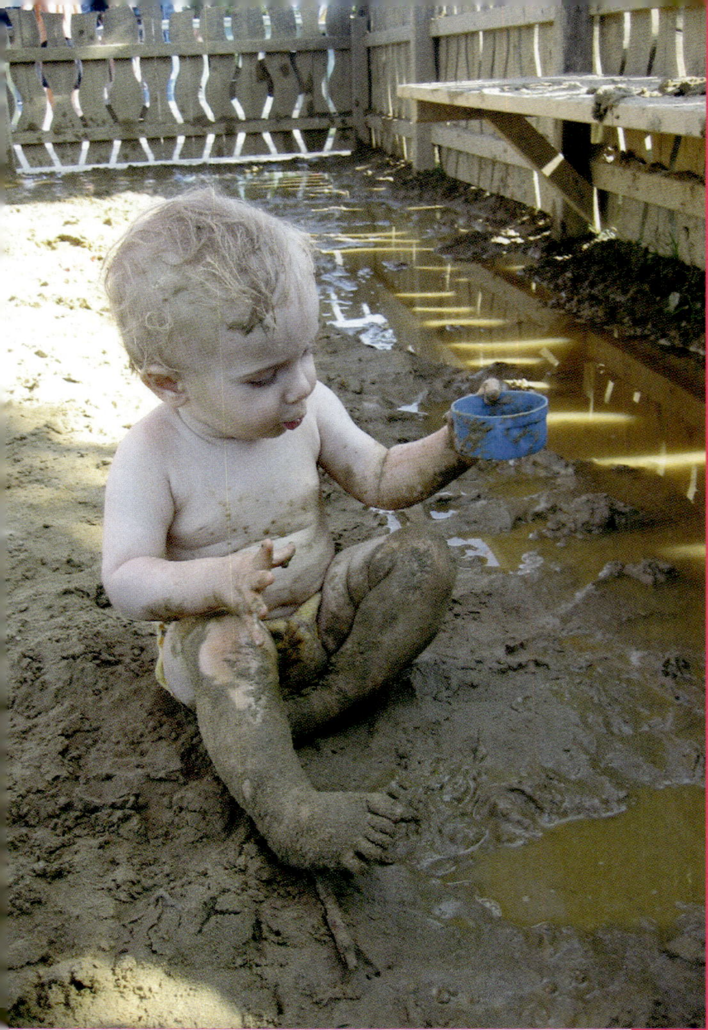

Aus unserem Verlag

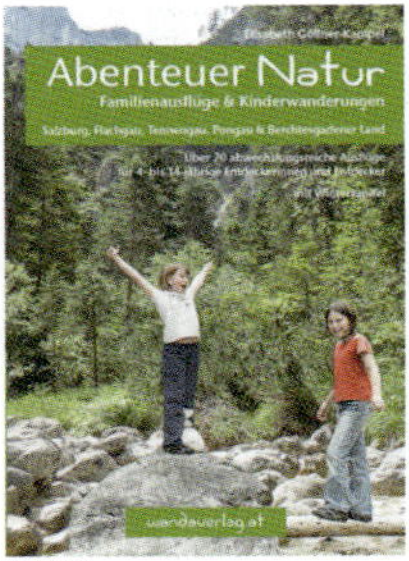

ISBN:
978-3-9502908-0-6

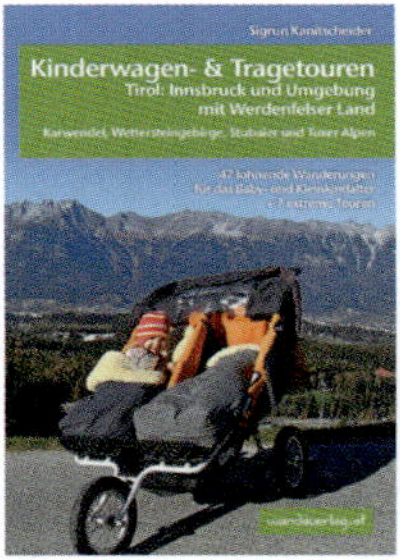

ISBN:
978-3-9502908-5-1

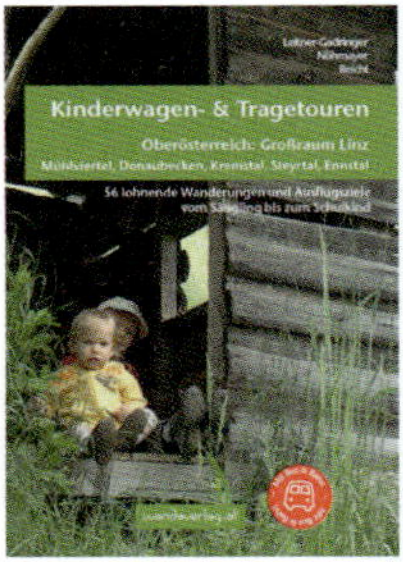

ISBN:
978-3-9502908-3-7

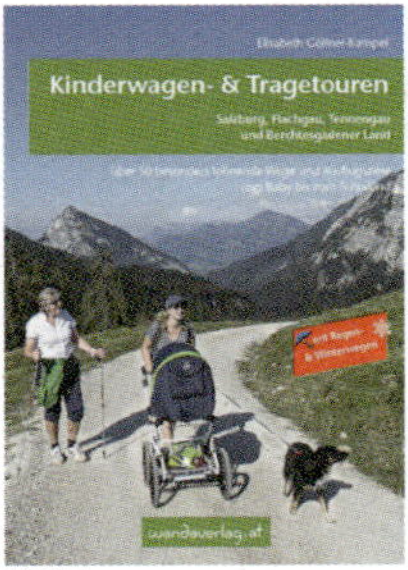

ISBN:
978-3-9502908-7-5

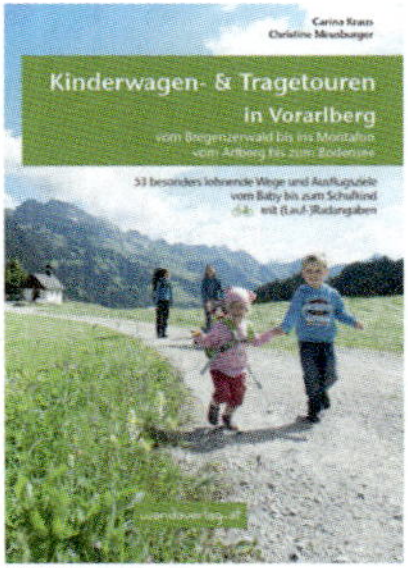

ISBN:
978-3-902939-06-7

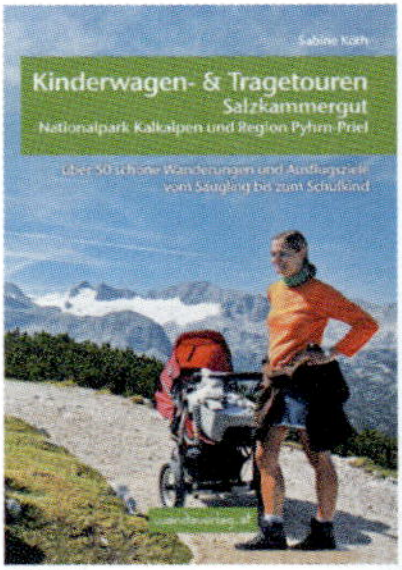

ISBN:
978-3-9502908-2-0

Die Autorin

Christine Lugmayr liebt es, mit ihrer Familie die Natur rund um Wien zu erforschen. Tage im Wald oder Wochenenden auf Hütten sind für sie jedes Mal aufs Neue eine Kombination aus Entspannung und Abenteuer. Aufgewachsen im oberösterreichischen Salzkammergut verbrachte sie immer schon gerne sehr viel Zeit im Freien. Aus Faszination an der Natur studierte sie Biochemie. In dieser Zeit absolvierte die Autorin Auslandssemester in Kanada und Spanien. Zahlreiche freiwillige soziale Projekte führten sie unter anderem in die Wildnis Alaskas (als Helferin beim Mitternachtssonne-Rollstuhl-Marathon) und Grönland (um mit arbeitslosen Jugendlichen ein „Stadion" für die grönländische Fußballmeisterschaft zu bauen). Nach dem Studium sammelte sie zunächst auf einer Huskyfarm in Lappland, anschließend als Kellnerin auf einer Hütte im Nationalpark Berchtesgaden Erfahrung. 2002 kam sie zurück nach Wien, um als Innenpolitik-Journalistin bei der „Presse" zu arbeiten. Nach vier Jahren erfolgte der Wechsel zu News, wo sie bis heute tätig ist. Sie hat zwei Kinder.

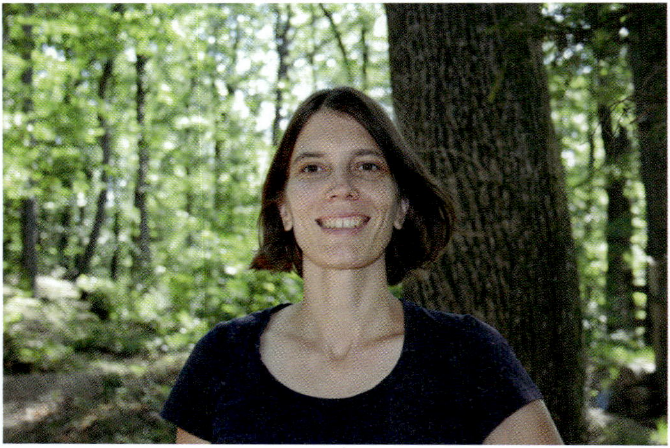

Wander- und Hüttenurlaub Trekking für ALLE

in Bayern, Österreich und Südtirol

Von Hütte zu Hütte – mit der ganzen Familie auf traumhaften Wegen

Birgit Eder (3. Aufl.)

Eine Fundgrube an herrlichen Routen! Die Strecken sind nach Etappen mit wenigen Höhenmetern und geringen Gehzeiten eingeteilt. Diese können jedoch nach Laune und Kondition zusammengefasst werden.

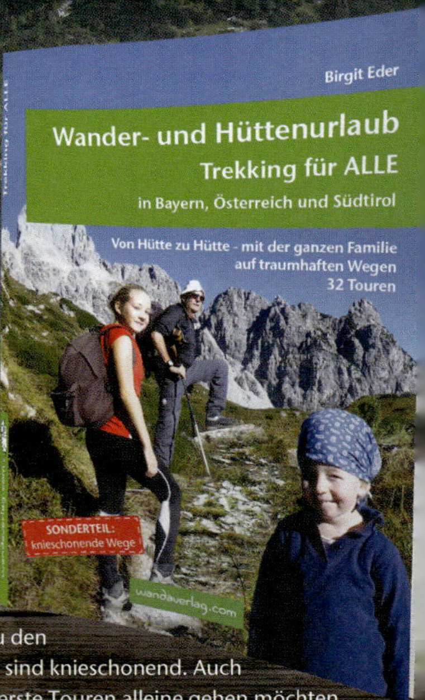

ISBN: 978-3-902939-05-0

Mit Top-Zielen wie den Dolomiten aber auch einsamen Routen. Für die ganze Familie, von den Kindern bis zu den Großeltern. Über die Hälfte der Wege sind knieschonend. Auch perfekt für Jugendliche geeignet, die erste Touren alleine gehen möchten.